ALÉM DA LAMA

LEONARD FARAH

ALÉM DA LAMA

O emocionante relato do **capitão**
dos **Bombeiros** que atuou nas primeiras
horas da tragédia em **Mariana**

1ª reimpressão

VESTÍGIO

Copyright © 2019 Leonard Farah
Copyright © 2019 Editora Vestígio

Todos os direitos reservados pela Editora Vestígio. Nenhuma parte desta publicação poderá ser reproduzida, seja por meios mecânicos, eletrônicos, seja via cópia xerográfica, sem a autorização prévia da Editora.

EDITOR RESPONSÁVEL
Arnaud Vin

EDIÇÃO E PREPARAÇÃO
Eduardo Soares

REVISÃO
Mariana Faria
Bruna Emanuele Fernandes
Samira Vilela

CAPA
Diogo Droschi
Sobre fotografias de Rodrigo Porto (capa)
e Douglas Magno (contracapa)

DIAGRAMAÇÃO
Guilherme Fagundes

Dados Internacionais de Catalogação na Publicação (CIP)
Câmara Brasileira do Livro, SP, Brasil

Farah, Leonard
    Além da lama : o emocionante relato do capitão dos Bombeiros que atuou nas primeiras horas da tragédia em Mariana / Leonard Farah -- 1. ed.; 1. reimp. -- São Paulo : Editora Vestígio, 2019.

    ISBN 978-85-54126-59-9

    1. Corpo de Bombeiros Militar de Minas Gerais 2. Defesa civil - Mariana (MG) 3. Desastres - Mariana (MG) 4. Mariana (MG) - História 5. Relatos pessoais I. Título.

19-30573   CDD-363.377

Índices para catálogo sistemático:

1. Bombeiros : Defesa civil e gerenciamento de desastres e crises : Bem-estar social 363.377

Iolanda Rodrigues Biode - Bibliotecária - CRB-8/10014

A **VESTÍGIO** É UMA EDITORA DO **GRUPO AUTÊNTICA**

São Paulo
Av. Paulista, 2.073, Conjunto Nacional,
Horsa I . 23º andar . Conj. 2310-2312
Cerqueira César . 01311-940 São Paulo . SP
Tel.: (55 11) 3034 4468

Belo Horizonte
Rua Carlos Turner, 420
Silveira . 31140-520
Belo Horizonte . MG
Tel.: (55 31) 3465 4500

www.editoravestigio.com.br

Para minha esposa, Renata,
meus filhos, meus pais e meus irmãos.

Dedicado às vítimas que não pudemos
salvar, mesmo fazendo o nosso impossível.

9 **AGRADECIMENTOS**

11 **APRESENTAÇÃO**

13 **PREFÁCIO**

17 **PRÓLOGO: FARAH, A LAMA TÁ VINDO!**

Capítulo 1
27 **CUIDADO COM O QUE VOCÊ PEDE**

Capítulo 2
45 **SEMPRE QUE DER, COMA**

Capítulo 3
61 **UM MAR DE LAMA**

Capítulo 4
75 **FORÇA, FOCO E FÉ, FARAH!**

Capítulo 5
97 **DO OUTRO LADO**

Capítulo 6
117 **"GERMANO ROMPEU!"**

Capítulo 7
135 **JÁ QUE NÃO TÍNHAMOS TEMPO, PRECISÁVAMOS TER SORTE**

Capítulo 8
139 **OBRIGADO PELO CAFÉ!**

Capítulo 9
151 **NÃO ERA POSSÍVEL**

Capítulo 10
155 **RODOVIA MÁRCIO FERREIRA**

Capítulo 11
169 **GRATIDÃO**

Capítulo 12
171 **HÁ DESTINOS PIORES QUE A MORTE**

Capítulo 13
183 **SOBRE VIVER**

AGRADECIMENTOS

Agradeço a Deus, razão primária de tudo.

À minha esposa, Renata, por ser meu chão e meu céu, que me permite impulsionar todos os meus sonhos.

Aos meus filhos, que são a razão pela qual eu sei que preciso voltar para o lar.

Aos meus pais e irmãos, por serem perfeitos nos seus papéis.

Agradeço ao Corpo de Bombeiros Militar de Minas Gerais, instituição que me proporcionou crescimento pessoal e profissional incalculável.

Agradeço àqueles que um dia se chamaram GSSEI (Grupamento de Socorro e Salvamento em Enchentes e Inundações), num tempo em que militares comuns eram capazes de fazer coisas extraordinárias, e fizeram com que eu me tornasse ESPECIALIZADO NO IMPOSSÍVEL.

APRESENTAÇÃO

Fernando Queiroz,
agente e amigo

Quando eu estava na pré-escola, um dia a professora perguntou a cada aluno qual era a profissão de seu pai. Quando chegou minha vez, não tive dúvidas, respondi todo orgulhoso: "Meu pai é bombeiro!".

Alguns dias depois, minha mãe veio falar comigo, dizendo que havia encontrado com a professora na saída da escola, e que ela havia comentado que ficara surpresa e feliz em saber que meu pai era bombeiro. Minha mãe explicou a ela que meu pai era, na verdade, um publicitário.

Não sei por que eu disse aquilo. Pode ser que eu desejasse que meu pai fosse um bombeiro. Talvez imaginasse que aquilo que ele fazia na agência diariamente era "apagar incêndios". Ou já poderia ser uma demonstração de minha admiração pessoal por esses profissionais.

Eu nasci em 3 de julho. Com frequência, quando alguém me perguntava quando era meu aniversário, eu respondia: "Um dia depois do Dia do Bombeiro".

Poderia dizer que era um dia antes da Independência dos Estados Unidos, o famoso Independence Day, ou no mesmo dia do aniversário do astro internacional Tom Cruise. Mas eu achava mais importante citar o Dia do Bombeiro. Para a minha decepção, muitas vezes as pessoas não sabiam que dia era. Mas eu sabia.

Um dia, uma amiga e parceira de projetos do bem, Silvia Castro, contou sobre um bombeiro que tinha escrito um livro e precisava de ajuda para encontrar uma editora. Ao ler o primeiro capítulo, já fiquei totalmente envolvido. Não por se tratar de uma trajetória heroica durante um acontecimento real. Mais do que isso. Além dos conhecimentos e dos treinamentos necessários para aqueles homens e mulheres se capacitarem a agir com razão e precisão naquela operação dramática, ela destacava a importância de praticarmos o altruísmo, a solidariedade, a capacidade de se colocar à frente e fazer algo por alguém que esteja precisando.

Então, conheci o Farah e percebi que era exatamente isso que ele queria, além de valorizar sua corporação e seus parceiros.

Infelizmente poucos dias depois, mais uma tragédia aconteceria, dessa vez em Brumadinho. O que eu pude acompanhar a distância foi o mesmo (ou até maior) empenho dele, de outros bombeiros e de voluntários para fazer o máximo que pudessem. Eles, literalmente, se jogaram na lama em busca de um final mais feliz – ou menos triste.

Outras pessoas também precisavam ler, ouvir ou ser tocadas por este livro. Essa história não passa apenas a visão de um bombeiro durante as primeiras horas de uma das maiores tragédias do país ou os bastidores de uma operação militar que salvou centenas de pessoas. Ela mostra algumas características que talvez possam explicar o que faz alguém querer ser um bombeiro.

A história contada aqui une os sonhos da minha infância com a realidade que vemos na vida adulta.

Eu nunca cheguei próximo de me tornar um bombeiro. Meu pai muito menos. Mas algo que de alguma forma sempre fez parte de minha vida e de minha família é nossa disposição para ajudar outras pessoas. E na realidade é isso que um bombeiro faz. Eu precisava ajudar aquele bombeiro a ajudar outras pessoas. Assim, eu finalmente seria um bombeiro.

PREFÁCIO

Coronel Edgard Estevo da Silva,
comandante-geral do Corpo de
Bombeiros Militar de Minas Gerais

Compartilhar essa experiência é um gesto de generosidade.

A vida de bombeiro militar é, naturalmente, de risco controlado. São diversas as ocorrências que impõem mais do que técnica e coragem a esse profissional.

É comum uma situação de incêndio trazer risco à vida de uma guarnição inteira ou até mesmo de vários batalhões. A tragédia no World Trade Center, por exemplo, ceifou a vida de centenas de bombeiros em um único evento, que durou menos de três horas. Aqueles bombeiros adentraram as torres sem ter sequer condições de avaliar o estado das estruturas após o impacto das aeronaves, o calor das explosões e o incêndio continuado. Esse é um exemplo extremo, pois falamos de uma ocorrência de grande impacto, porém rara, consideradas suas circunstâncias.

Por outro lado, ocorrências de natureza mais comum podem trazer mais riscos a pequenas guarnições, mas com uma frequência bem maior. Enchentes e inundações podem expor os bombeiros a riscos muitas vezes surpreendentes. Desabamentos, deslizamentos de terra, acidentes com produtos perigosos, enfim, as possibilidades são amplas, assim como são as necessidades de capacitação para uma resposta bem-sucedida a cada uma delas.

Em Minas Gerais, após pelo menos cinco ocorrências envolvendo colapso de barragens de rejeito, nós, bombeiros militares, adquirimos uma experiência rara em todo o mundo em lidar com esse tipo de evento.

O que o capitão Leonard Farah realiza com esta obra é um gesto de grande generosidade: ele compartilha a experiência de um atendimento muito importante. Os acontecimentos de cada momento de resposta a essa ocorrência, suas incertezas e angústias, seus temores, emoções, alívios e, principalmente, decisões, para cada nova situação e novo desafio.

Além da lama mostra a realidade de quem vive a resposta a esses chamados como bombeiro militar. Aquele que chega primeiro, que compartilha do desespero de quem sofre com a ocorrência; aquele que é a esperança de quem está sofrendo ou na iminência de sofrer muito; aquele que, se não agir rápido e corretamente, poderá conviver para sempre com uma dúvida sobre a mais acertada decisão tomada, ou poderá até mesmo não viver mais!

Em determinados momentos se parece com um thriller hollywoodiano; mas, para quem já esteve em situações parecidas com as apresentadas neste relato e sentiu o gosto de sangue na garganta por estar correndo um risco muito grande, sabe que a vida de bombeiros militares vai muito além do risco calculado. O compromisso de cumprir a missão "mesmo com o sacrifício da própria vida" é muito mais do que uma força de expressão.

O valor da obra se dá em razão de ser muito maior do que apenas o relato da ocorrência em si. Os detalhes que compõem as páginas, trazendo as relações humanas dos integrantes das guarnições, bem como as relações construídas com alguns dos moradores impactados e também com funcionários que, de sua maneira, se angustiam em todos os dias de resposta ao ocorrido, fazem deste texto uma valiosa experiência de viver a operação, como se pudéssemos nos transportar para aqueles dias, para aqueles locais.

Além da lama é uma história de bombeiro na essência da palavra. É uma ótima leitura para bombeiros militares e para todos os que se interessam pelas verdadeiras histórias de heróis brasileiros – homens e mulheres que se dedicam com todas as suas forças, físicas e psicológicas, e com capacidade técnica para cumprir sua missão que se traduz em: SALVAR!

PRÓLOGO

FARAH, A LAMA TÁ VINDO!

— Farah, a lama tá vindo!

Pelo que eu já tinha visto até ali, a decisão de descer com o helicóptero, por mais acertada que fosse, era realmente suicida. A poeira estava chegando cada vez mais perto.

Eu sabia que ia morrer. Sabe aquela história de que passa um filme da sua vida diante dos seus olhos? É verdade.

Pensei nos meus filhos. Será que eles iam ficar sabendo do que aconteceu? Como o pai deles tinha morrido? Eu pensava que não havia dado tempo de falar com eles pela última vez. Na verdade, eu *tinha* falado com eles pela última vez, mas não sabia que aquela poderia ser a última. Ri em pensamento ao me lembrar do que minha esposa sempre dizia que, se eu morresse em uma ocorrência, ela me mataria. E, diante do mar de lama que se aproximava, vi que o resumo da minha vida era aquilo: família e Corpo de Bombeiros. Era difícil separar.

Foram tantos anos me preparando, mas será que eu havia me preparado para aquele momento? Me lembrei de quando entrei como recruta para o Corpo de Bombeiros e não fazia a mínima ideia do que era ser um bombeiro, muito menos de como era o meio militar.

Passar no concurso até que não foi tão difícil. Fiquei dois anos estudando para o vestibular de medicina, determinado a entrar em uma universidade federal, e como a matéria da prova do concurso para o Corpo de Bombeiros era a mesma do vestibular, não tive dificuldade em passar entre os dez primeiros lugares. Mas não era só na prova escrita que eu precisava ser aprovado: depois vinham os testes físicos, como corrida de 2.400 metros, abdominais, flexão, barra, *shuttle run* (teste de agilidade)... Depois de completar os testes físicos, ainda havia os exames médicos e psicológicos. Ou seja, algo um pouco mais complicado do que uma prova de vestibular.

Eu não fazia muita ideia de como era aquela corporação, mas aos poucos fui descobrindo. Naquela época, em 1999, o Corpo de Bombeiros tinha acabado de se "separar" da Polícia Militar, e, apesar de estar com quase cem anos de existência, era recém-emancipado. Então, eu estava prestando um dos primeiros concursos para soldado diretamente no Corpo de Bombeiros, já que antes os concursos eram feitos para a Polícia Militar, e depois de formados é que os militares viravam "soldados do fogo".

Para mim, que nunca havia tido contato com graduações e patentes, meus primeiros dias na corporação foram uma tortura. Todos davam ordens – várias ordens. Algumas contrárias às outras. Mas eu sempre fazia o que o sargento mandava, afinal de contas, nos filmes de guerra, que eu adorava assistir, o sargento sempre era o que mais gritava, que mandava pagar flexão e chamava os alunos de "burros". Então, por via das dúvidas, eu seguia o sargento.

Logo no primeiro dia de curso descobri que existem três tipos de sargento: o 1º sargento, o 2º sargento e o 3º sargento. Pela lógica, ao menos pela *minha* lógica, o 1º sargento vinha primeiro; quando ele fosse promovido, viraria 2º sargento, e depois de mais uma promoção conseguiria se tornar 3º sargento. Eu também não fazia distinção das graduações nos braços, aquelas listras nas mangas dos uniformes. Pensei em perguntar para o sargento que estava à frente do pelotão como elas funcionavam e quem era quem. Mas, no instante em que eu ia fazer a pergunta, um recruta que estava bem na minha frente perguntou se poderia ir beber água. O sargento educadamente respondeu que sim, claro, e o mandou direto para a piscina, com roupa e tudo. Eu obviamente desisti de fazer minha pergunta, que com certeza renderia muito mais que um banho na piscina. Então, decidi que obedeceria sempre ao sargento.

Éramos dois grupos, divididos em três fileiras de dez recrutas cada. Assim que o recruta saiu da água e se juntou, encharcado, à minha fileira, ouvi o sargento gritar:

– Atenção, Companhia! Companhia, sentido!

Muitos obedeceram com naturalidade àquele comando, pois já sabiam o que fazer. Mais tarde descobri que estes tinham vindo de outras forças militares, como a Aeronáutica e a Polícia, e agora ingressavam no Corpo de Bombeiros. Por isso, já sabiam as firulas, mas, para mim, aquela ordem não dizia nada, e comecei a olhar para os lados, tentando copiar a posição que eles adotavam, já que o recruta da minha frente claramente também não sabia o que fazer. Mas não éramos só meu colega de frente e eu, alguns outros começaram a olhar para os lados tentando copiar alguém, até que o sargento perguntou aos berros:

– Está ventando aí, recruta? Pare de se mexer! "Sentido" é para ficar imóvel, igual a uma estátua!

Assim que todos ficaram imóveis, ele "bateu continência" e disse algumas palavras para um bombeiro novinho, que devia ter uns vinte e poucos anos, de pé próximo a ele.

Então, o bombeiro novinho gritou:

– Tropa a meu comando! Companhia, descansar!

Mais uma vez, alguns outros e eu começamos a olhar para os lados, para tentar copiar o comportamento correto, e vimos que alguns abriram as pernas e cruzaram o braço atrás do corpo. Até que ouvimos o bombeiro novinho:

– Pare de se mexer! Pare de se mexer! Não se mexa na posição de descansar!

Pensei comigo: "Meu Deus do céu, ninguém ensina nada aqui! Quando alguém falar 'sentido', devo ficar ereto com as pernas juntas e sem me mexer. Quando falarem 'descansar', é para abrir as pernas e cruzar os braços para trás. E também não posso me mexer. Não posso perguntar, senão vou parar na piscina. Não posso olhar para o lado e copiar os outros, senão o sargento berra". Era questão de tempo até eu ir parar na água. Pelo menos, eu sabia nadar.

– Bom dia, senhores – disse o bombeiro novinho. – Eu sou o 2º tenente Moisés. Eu serei o chefe de curso do pelotão 01. O 3º sargento Olímpio será o auxiliar de curso do pelotão 01. A 2º tenente Stella será a chefe de curso do pelotão 02. O 3º sargento Eduardo será o auxiliar de curso do pelotão 02. O 1º tenente Luiz Henrique será comandante da companhia escola. E o cabo De Paula será um inferno na vida dos senhores. Entendido?

– Sim, senhor! – responderam aqueles que já eram militares, gritando a plenos pulmões.

– Eu não ouvi! – disse o bombeiro novinho, que agora eu sabia se tratar de um tenente. – Entendido?

– SIM, SENHOR! – agora todos os recrutas gritavam em coro.

Pronto, agora eu estava mesmo ferrado. Pelotão, companhia, auxiliar de curso, 1º tenente, 2º tenente, cabo do inferno... Eu já podia sentir o gosto da água.

– Tropa à disposição dos auxiliares de curso! – gritou o tenente, dando as costas e indo embora.

– Tropa a meu comando – gritou um dos sargentos.

Ele começou a andar entre os recrutas, olhando bem na cara de cada um. A vontade de acompanhar o sargento com os olhos era grande, mas eu já tinha entendido que não podia me mexer. Então um mosquito pousou na cabeça do recruta ao meu lado. Assim que a mosca pousou, como qualquer pessoa faria, ele fez um gesto rápido para espantar o inseto.

– Ô, recruta! Você está louco, recruta? Está se mexendo em forma? – o sargento veio correndo.

– Um mosquito pousou na minha testa! – tentou justificar.

– Coitadinho do recruta. O mosquitinho está te atrapalhando, recruta? – gritou o sargento. – Militar resiste ao tempo, aos insetos, e aos animais! Se uma bomba atômica cair do seu lado, e você estiver na posição de sentido, você não se mexe! Vai lá, grandão. Vai pra piscina, porque mosquito não pousa em recruta molhado.

O Grandão, como ele ficou conhecido pelo resto do curso, foi para a piscina, e eu tinha certeza que minha hora também chegaria.

Assim que ele saiu, o sargento cravou o olhar em mim e me perguntou:

– Tá assustado, recruta?

– Não estou, não! – respondi rapidamente e gritando.

– Não estou, SENHOR! – disse o sargento, enfatizando o pronome de tratamento. – Todo mundo aqui é *senhor* para vocês! Vocês são recrutas, alunos, até aquela árvore ali tem mais tempo no Bombeiro que vocês. Se vocês forem conversar com ela, vão ter que chamá-la de senhora. Você conhece as graduações, recruta? – perguntou o sargento, para a minha sorte, se dirigindo ao colega atrás de mim.

– Sim, senhor! – respondeu ele rapidamente.

– Então me fale as graduações, recruta – disse o sargento com um tom irônico.

– Soldado, cabo, 3º sargento, 2º sargento, 1º sargento, subtenente, aspirante a oficial, 2º tenente, 1º tenente, capitão, major, tenente-coronel e coronel, SENHOR! – respondeu o recruta com toda a firmeza do mundo.

“Deve ter errado alguma coisa...”, pensei. “Vai pra água com certeza!”

– Parabéns, aluno!

Então pensei: “Esse já deve ser militar”. O sargento continuou com ele:

– E você, que é soldado de segunda classe, está abaixo de quem? – Abaixo do soldado, senhor! – respondeu mais uma vez com firmeza o recruta.

– Tá errado! Eu já falei! Até aquela árvore ali tem mais tempo no Corpo de Bombeiros que vocês. Pra piscina!

Eu vi que não tinha saída mesmo. Mais cedo ou mais tarde todo mundo iria para a piscina. Assim foram os nossos dias ao longo do que eles chamavam de semana zero.

Deixei de fazer medicina para ingressar nessa instituição tão diferente de tudo a que eu estava acostumado. Lá ninguém pedia por favor; distribuíam ordens, e tínhamos que cumpri-las o mais rápido possível. O cabelo de universitário que quase não via pente dava lugar à máquina 2 na lateral e à 4 na parte de cima. Me lembro de ter comentado:

– Se a gente ficar andando desse jeito na rua, todo mundo vai saber que somos recrutas.

E alguém respondeu:

– A intenção desse corte de cabelo é justamente essa.

Um dia, bem no início ainda, lembro-me do sargento falando que não escolhemos nosso nome quando nascemos e, portanto, não iríamos escolher ali também. Ele olhou para mim e disse:

– Ei, você! Como se chama?

– Leonard!

– Leonard de Castro Farah? – conferindo na lista que trazia nas mãos. – Como você acha que vai ser seu nome aqui, guerreiro?

– Farah! – respondi prontamente, tentando emplacar esse nome e se possível descartar Leonard, de que eu nunca gostei, e Castro, que achava sem qualquer expressão.

– Então você quer se chamar Farah?

– Pode ser.

– Ok! A partir de hoje seu nome é Castro!

Era mais ou menos assim que funcionava.

Nessa época eu não era casado, nem tinha filhos. Tinha acabado de completar 19 anos, e confesso que, no começo, a vontade de sair dali era gigante, pois eu não estava conseguindo me adaptar a tantas ordens, que na minha cabeça não tinham finalidade nenhuma. Viver molhado, pagar tanta flexão à toa – diziam que elas serviam para manter o mundo girando. Se fazia algo errado, era chuveiro, piscina ou flexão.

– Qual o nome completo do seu comandante?

A resposta deveria estar na ponta da língua, e você tinha que falar alto, gritando. Mas, mesmo se acertasse, vinha outra pergunta do tipo:

– Qual a comida preferida do seu comandante?

Você podia dizer o que quisesse, até mesmo a resposta correta, se desse sorte de adivinhar, mas com certeza um sargento falaria:

– Tá errado! O comandante gosta de comer é fígado de recruta!

Então, com certeza você iria pra água. Algum outro recruta não aguentaria segurar o riso e isso levaria todo o pelotão para dentro da piscina.

Mas quando começaram as matérias práticas foi paixão à primeira vista. Eu tinha muita facilidade para nadar, mergulhar, gostava das atividades de salvamento e vi que era aquilo que eu queria para a minha vida.

Tínhamos conseguido pousar, mas a lama avançava rapidamente na nossa direção. Naquele momento, vários treinamentos vinham na minha cabeça, e eu parecia não conseguir achar em nenhum deles a solução para aquela situação.

Enfiei a mão no bolso da farda procurando o terço que a minha mãe havia trazido para mim de Aparecida do Norte. Dessa vez, tirei-o do bolso e o enrolei na mão.

Eu não era católico. Na verdade, eu não tinha religião: acreditava em Deus e ponto. Aquele era um gesto de que eu estava entregando aquela situação nas mãos Dele. De que adiantava ter feito um milhão de treinamentos de embarque, desembarque e desova de aeronaves se o piloto nem no helicóptero estava? O jeito ali era correr, mas correr para onde?

Acho que a última vez que eu tinha corrido tanto e tão rápido foi para entrar no concurso de oficial. Minha esposa, que ainda não era esposa, estava grávida, e eu ainda era soldado. No teste físico de 2.400 metros de corrida, eu só pensava que precisava correr para tirar nota 10, porque agora eu teria uma vida a mais dependendo de mim, por todos os próximos dias. O Davi, meu filho mais velho, não foi nada planejado. Eu tinha responsabilidade sobre ele, e com certeza passar no concurso para oficial do Corpo de Bombeiros me ajudaria muito nisso.

À medida que me aproximava do helicóptero, ia vendo os outros militares chegando também. Olhava para trás e avistava as pessoas correndo para o alto do morro, para próximo do cemitério, que ironicamente parecia ser o local mais seguro daquele distrito. No horizonte era possível ver a nuvem de poeira subindo rapidamente. Era nítido o desespero de todos. O choro não era contido, e nós não podíamos fazer mais nada. Esse sentimento de impotência é o pior que um bombeiro pode ter, pois, por mais que soubéssemos que aquela era uma missão suicida, nós não sabíamos quanto tempo ainda tínhamos. Sabíamos apenas que era impossível segurar aquele tsunami de lama que vinha em nossa direção.

Me lembrei daquela primeira cidade que vimos soterrada ao sobrevoar. Quantas pessoas haviam sido arrastadas naquela lama? Toda a cidade, praticamente, estava devastada. Carros, caminhões, tratores, dutos gigantes sendo levados como pedaços de papel. A central havia dito que uma escola inteira, com mais de cem crianças, teria sido soterrada, e em meio a tanta lama nós não fazíamos ideia de onde essa escola poderia estar. Na verdade, não sabíamos se iríamos conseguir chegar lá e, se chegássemos, quanto tempo levaria para encontrar e retirar todos desse local.

No Corpo de Bombeiros nós tínhamos um curso de salvamento em que simulávamos o soterramento de uma casa com quatro pessoas. Esse exercício era feito em uma piscina de 10 por 20 metros, na qual soterrávamos quatro bonecos, alguns móveis e eletrodomésticos, para tentar criar uma situação o mais próximo possível do real. Para se ter uma ideia, esse simulado durava cerca de 30 horas, com aproximadamente 20 militares trabalhando juntos. A piscina tinha uma profundidade média de um metro e meio. Imagine quanto tempo demoraria para encontrar pessoas em uma cidade inteira soterrada.

– Farah! Entra! Entra logo!

Meu pensamento retornou ao campo de futebol onde nossa aeronave estava pousada e de onde pudemos ver as pessoas fugindo para o alto da cidade, enquanto a poeira vinha se aproximando cada vez mais.

Os dois sargentos já haviam tomado seus lugares no helicóptero, e o cabo Henrique estava acabando de entrar. Eu me acomodei no banco, coloquei meu fone, e o copiloto acionou os botões no painel.

Olhei para a cauda da aeronave e vi aquela nuvem marrom que crescia. Não daria tempo. Fizemos a diferença para algumas daquelas pessoas. Não sabíamos se tínhamos conseguido avisar todas elas. Nós fizemos o que foi possível.

Por mais nobre que isso fosse, jamais imaginei que iria realmente morrer durante uma operação.

Não. Eu tinha que dar um jeito de sair dali, pois, se eu morresse em serviço, minha esposa iria me matar.

CAPÍTULO 1

CUIDADO COM O QUE VOCÊ PEDE

Meu dia só começa depois do café. Eu realmente preciso dessa dose diária de ânimo. Nos dias em que não estou de plantão, os problemas administrativos que preciso resolver não me fazem levantar lá muito empolgado. Até que o cheiro do café invade meu corpo e me dá mais ânimo para enfrentar um dia comum. Os dias de plantão são bem mais animados, ainda que faça parte da minha função comandar a Companhia de Busca e Salvamento e enfrentar as tarefas administrativas.

Eu gostava de sair cedo para fugir do trânsito pesado, pois se tem algo que estraga meu humor é o congestionamento matinal. Prefiro chegar duas horas antes no trabalho do que enfrentar uma hora de engarrafamento. Quando eu tinha moto, esse problema não era tão frequente, mas o risco me fez repensar, ainda mais depois de tantos motociclistas acidentados que ajudamos a socorrer.

Eu chegava cedo ao quartel, por volta das 6h30, no horário em que os militares acordavam, a chamada alvorada. Meu expediente só iniciava às 8 horas, e nesse meio tempo dava para cumprir toda a rotina matinal, conferir as ocorrências diárias, tomar café com o pessoal, acompanhar o jornal e me barbear. Isso era algo que nunca gostei de fazer, pois sempre tive a barba muito fechada, e ela crescia bastante de um dia para o outro.

Eu gostava desse ritual diário. Colocar a farda é o que transforma o Léo no Farah. Depois que se entra no mundo militar, a gente acaba tendo essas duas identidades: o nome, ou apelido social, e o nome de guerra. Depois de colocar toda a farda, eu sempre conferia se os pingentes de São Jorge e de Nossa Senhora estavam no local de costume, colocava meu escapulário e verificava se meu terço estava no bolso. Em um primeiro momento poderia parecer exagero para qualquer pessoa que não vivencia a nossa profissão, mas já presenciei acidentes demais, mortes demais, ferimentos demais e já me machuquei muito em serviço. Portanto, toda proteção era necessária, mesmo em dias de expediente administrativo.

Uma vez eu me acidentei durante a ocorrência de um incêndio. Caí, e caí feio. Rompi todos os ligamentos do joelho. Foi o último dos três acidentes que tive no Corpo de Bombeiros e o mais complicado. Fui a mais de quatro médicos após o acidente, e três deles disseram que, se me operassem, eu não retornaria para a atividade operacional. A cada vez que me davam essa notícia, eu ficava sem chão. Até que encontrei um médico que disse:

– Olha só, vou abrir esse joelho e ver o que consigo fazer. Mas vou dar um jeito de você voltar a trabalhar na rua.

Não tive dúvida de que era ele que deveria me operar. Foram quase seis meses entre o processo operatório e a recuperação, mas, graças a Deus e àquele médico, eu retornei à minha atividade.

Desde então meu ritual de proteção e oração se intensificou. Após conferir o terço, eu fazia a minha oração, que ficava pregada atrás da porta do alojamento, e só então eu estava pronto para iniciar mais um dia.

Mesmo não estando de plantão, eu sempre deixei meus materiais operacionais prontos, em condições de uso. Os militares que trabalhavam comigo sempre foram os melhores. Lógico que vou dizer isso, mas há muitos outros bombeiros excelentes. Na verdade, outros até poderiam ser tecnicamente melhores, mas o conjunto de características daqueles com quem eu trabalhava era excepcional. Afinal, trabalhar num grupo especializado não é muito fácil.

Exatos 11 meses e alguns dias antes da ocorrência em Mariana, foi inaugurado o BEMAD (Batalhão de Emergências Ambientais e Resposta a Desastres), um grupamento cujo nome já diz tudo. Era especializado em ocorrências ambientais como incêndios florestais, derramamento de produtos perigosos, desmoronamentos, soterramentos e outros desastres. Foi um dos projetos de que eu mais me orgulhei de ter participado e de ter batalhado para que existisse.

Sempre que falamos de bombeiros, não há como não imaginar incêndios, e confesso que para mim esse é um dos tipos de ocorrência mais difíceis e perigosos que temos de enfrentar, afinal já me acidentei em um. Mas, desde que me formei, os desastres naturais se tornaram uma constante na minha vida profissional. Além de enchentes diversas, o deslizamento do Morro do Piolho em Ouro Preto, que soterrou dois taxistas em 2012; os deslizamentos, em 2013, da Região Serrana de Petrópolis no Rio de Janeiro, aonde fomos para apoiar os nossos companheiros; a queda do Viaduto dos Guararapes, em Belo Horizonte, a poucos dias da Copa do Mundo de 2014; e diversos outros acontecimentos.

Uma dessas ocorrências culminou na criação do BEMAD: a ruptura da barragem da Herculano Mineração, em setembro de 2014. Sem dúvida aquele havia sido um dos casos mais complexos que nosso grupo já tinha atendido e do qual sempre nos lembrávamos. Para se ter uma ideia, no dia dessa nova ocorrência envolvendo uma barragem, eu estava preparando o material para um curso e em busca de dados para repassar aos alunos.

Eu digo que trabalhar em um grupo especializado é o sonho de quase todo militar. A verdade é que lá estão pessoas com total abnegação, até das suas próprias vidas, para viver por uma causa ou uma ideologia. Lá, por exemplo, não podemos tirar férias no período chuvoso, pois precisamos contar com o maior contingente possível. O telefone celular deve ficar ligado 24 horas por dia, pois, caso haja algum chamado, temos que estar no quartel dentro de uma hora, com as mochilas prontas e em condições de ir para qualquer evento de maior proporção.

Há muito treinamento nos momentos de folga, e os comandantes, chefes dos grupos, praticamente não folgam, pois sempre são chamados para missões extras. Apesar disso, estar lá era algo grandioso para todos nós. Usamos uma farda diferente, laranja, assim como os grupos especializados da polícia usam preto. Nós usamos essa cor pela fácil identificação em operações na mata, em estruturas colapsadas e em grandes acidentes, para que quem estiver no comando possa saber rapidamente quais são os militares especializados presentes no local.

Quando fomos "criados", um dos objetivos era que fôssemos liberados das ocorrências rotineiras: pequenos incêndios, cortes de árvores, acidentes de trânsito menores, gatos em árvores... Sim, as pessoas chamam os bombeiros para tirar o gatinho da árvore. É bem verdade que às vezes a vontade é de dizer:

— Dona, a senhora já viu algum esqueleto de gato no alto da árvore? Não, né? Então, quando tiver fome, ele vai descer.

Mas, claro, esses resgates inusitados fazem parte da nossa missão. Certa vez, um senhor ligou para o Centro de Operações dos Bombeiros porque uma das rodas do carro dele havia caído no bueiro e ele não conseguia sair. Assim que chegamos ao local, encontramos esse senhor bem ansioso, porém o carro dele não estava no bueiro. Então ele foi até o sargento e disse:

— Me desculpa chamar vocês, mas na verdade eu deixei minha aliança cair no bueiro e não consegui retirar a tampa. E se eu chegar em casa sem aliança vocês vão ter que me resgatar é da minha esposa. Dá pra me ajudar?

Não havia como negar, era realmente um caso de vida ou morte.

Então, com a implementação do BEMAD, esse batalhão seria acionado para ocorrências maiores e mais complexas e, enquanto não estivéssemos atendendo, estaríamos treinando. O grande problema dessa situação é que, apesar de tanto Belo Horizonte quanto Minas Gerais terem uma grande população e uma grande extensão territorial, a demanda das ocorrências extraordinárias não era tão intensa, e muitas vezes ficávamos sem atendimento. Com isso, treinávamos muito, mas atuávamos pouco. Pela lógica, qualquer pessoa iria achar fenomenal que os bombeiros não precisassem trabalhar tanto, afinal se um bombeiro sai para trabalhar é porque algum acidente aconteceu. Mas, para nós que realmente amamos essa profissão, às vezes cansávamos de ficar parados.

Entenda, não torcemos para que pessoas se acidentem, chuvas causem danos a cidades ou que casas peguem fogo, mas infelizmente essas coisas acontecem, a qualquer momento, muitas vezes sem aviso e até mesmo com toda precaução. Na verdade, torcemos para que, caso ocorram, aconteçam no nosso plantão e na nossa área, para que possamos estar presentes e dar o nosso melhor. Pode até parecer loucura, mas ajudar os outros, ao menos para mim, se tornou um vício.

Já estávamos havia um bom tempo sem o que chamamos de uma "ocorrência destaque", e os mais novos já estavam meio entediados com aquilo. Uma frase que ouvi quando eu era recruta e que gostava de repetir para os recém-chegados era: "Cuidado com o que você pede, pois isso pode acontecer, e você não dar conta de resolver". Não era só uma frase de efeito. Vários bombeiros já saíram para atuar em acidentes de trânsito e, ao chegar ao local, encontraram um parente ou um amigo como vítima. Não poder ter feito algo para evitar o pior numa ocorrência é uma das coisas mais angustiantes para um bombeiro. E, numa situação como essa, é infinitamente pior.

O tédio de não fazer nada tinha que ser compensado com treinamentos e cursos, sendo que os nossos não eram aqueles fáceis de sobreviver. Lembro-me do primeiro curso na área de soterramento e enchente que fizemos. Eu era o único instrutor e um dos alunos ao mesmo tempo. Então tive que arrumar mais 25 malucos que topariam ser cobaias de um curso experimental que eu estava planejando nessa área de desastres. Fome, frio e sono: geralmente essa tríade faz qualquer um querer desistir de um curso voltado para operações especiais. Cada pessoa tem um limite, e eu já conhecia o meu de outros cursos: a sede. Eu ficava extremamente irritado e às vezes perdia a cabeça se passasse muito tempo sem beber água. Por isso eu submetia os alunos a métodos realmente puxados. Li uma vez em um manual norte-americano que a melhor maneira de se atender uma vítima é sabendo o que ela passa durante uma ocorrência. Partindo dessa premissa, eu resolvi soterrar os meus alunos. Não totalmente, é claro, mas eu os vendava, enchia baldes de terra, entrava com eles em uma vala, jogava terra e água por cima deles e os deixava lá, uma boa eternidade, para sentirem a solidão, o frio e o desespero que uma vítima soterrada pode passar. Após algum tempo eu ligava uma motosserra, abria um botijão de gás e jogava mais terra para que vivenciassem o que uma vítima sente quando estamos trabalhando próximo a ela. Algumas pessoas, que não têm muito contato com esse ambiente, podem ver aquilo e pensar que tudo não passa de uma forma de maltratar os alunos ou fazer com que eles desistam da especialização e peçam para sair. Mas, além de todo o cuidado e de todas as técnicas que adotamos, é fundamental para esses profissionais saberem se colocar no papel mais difícil de uma operação como essa, o da vítima.

O curso era realmente muito puxado. Havia um cantil para cada dois alunos, um pacote de ração operacional (alimentação do exército) para cada quatro alunos, muito sol de dia e muita simulação de chuva à noite. O frio na escuridão do nosso campo de treinamento doía e era terrível. Os alunos geralmente formavam rodas e se abraçavam para tentar manter a temperatura corporal. Muitos deles desistiam, não que fosse necessário, mas a intenção era realmente fazer com que cada um conhecesse o próprio limite. Alguns alunos chegavam a perder mais de dez quilos em três semanas, tamanhas eram a privação de alimentação, a intensidade das atividades que deveriam realizar e as horas sem dormir. Para se ter ideia, uma das atividades consistia em encontrar um bebê soterrado. Mas nessa simulação despejamos mais de seis caminhões de terra sobre o boneco, e não há uso de retroescavadeira ou qualquer maquinário pesado. Os alunos retiram toda a terra com pás e baldes, sendo que estão o tempo todo encharcados, com simulação de fortes chuvas. Muitos, muitos mesmo, falavam que eu exagerava nesses treinamentos, que aquilo não era necessário. Aqueles que não conseguiam concluir o treinamento, então, me execravam.

De fato eu nunca havia atendido a uma ocorrência que me causasse tantas privações como nesse curso, mas sempre pensei que tinha que me preparar e também treinar outros militares para o pior. Assim as situações reais não nos surpreenderiam tanto. Mas eu também sabia que jamais conseguiria simular um desastre de verdade.

Já havíamos atendido ocorrências complexas e inesperadas, por isso meu material e meus equipamentos, por mais que eu não estivesse em serviço, sempre ficavam em condições de utilização, afinal, nunca se sabe quando um viaduto pode cair. Eu realmente dizia isso, pois já tinha participado da ocorrência da queda de um viaduto numa das principais avenidas de Belo Horizonte.

Ao contrário do que muitos pensam, nós bombeiros somos pagos para pensar no pior, e é isso que nos faz estar preparados para emergências. Na verdade, *tentar* estar preparados, pois as ocorrências, cada vez mais, nos surpreendiam. Eu já havia atendido um caso em que uma árvore do Parque Municipal caíra sobre uma senhora enquanto ela fazia caminhada. A gente pensa: "Como assim?". Uma pessoa caminhando, fazendo exercícios em um parque e simplesmente uma árvore cai em cima dela? Parece ridículo, mas é assim mesmo que acontece. As pessoas não têm ideia das situações que vivenciamos. Situações extremas, de pessoas procurando sobreviver em um incêndio, outras pensando em tirar a própria vida e, de certa maneira, nós sempre tentando driblar a morte. Não sei se "driblar a morte" é uma boa expressão, ou se personificar a morte assim é correto. Mas sinto que é isso que fazemos.

Corremos para dentro de um prédio em chamas enquanto todos tentam fugir dele. Subimos escadas enquanto todos descem. Mergulhamos o mais profundo possível enquanto as pessoas querem ir para a superfície. Esse antagonismo que marca nosso serviço faz com que nós mesmos, muitas vezes, não paremos para pensar quão anormais nós somos diante de situações incomuns. Mas isso não é algo forçado, sempre foi algo condicionado. Se sentimos medo? Bom, eu já vi muitos bombeiros dizerem por aí que não sentem medo, mas eu, particularmente, sinto. O medo é aliado da prudência. Ele nos faz zelar pela nossa segurança, checar se o ar dentro do cilindro é suficiente, verificar se estamos presos a uma corda antes de nos expormos a grandes alturas. Não vejo como um bombeiro pode não ter medo, mas muitos dizem que não têm. É aquela história: Tá com medo? Então vai com medo mesmo. É mais ou menos isso. Não é esse medo que nos impede de fazer as coisas que precisamos fazer. É para isso que também servem nossos cursos, que nos prepararam para enfrentar o medo que existe em cada um de nós.

Já fazia tempo que eu não atendia uma ocorrência de grande vulto. Como eu disse, o número de atendimento de ocorrências mais complexas quase despencou depois do acidente da Herculano, em Itabirito, em 2014. Estávamos certos de que outro acidente como aquele dificilmente ocorreria novamente, mas, se algo parecido acontecesse, estaríamos preparados, já que vivenciamos uma experiência trágica, que nos ensinou muito sobre acidentes com barragens.

Eu ainda estava cursando o mestrado em engenharia geotécnica na Universidade Federal de Ouro Preto, que me deu muito conhecimento nessa área. As matérias já tinham acabado e chegava a temível fase de escrever a dissertação. Por isso, naquele dia, eu pretendia pegar vários arquivos relacionados à barragem da Herculano para subsidiar o meu trabalho e o curso que se aproximava. Eu já tinha ouvido falar de alguns acidentes com barragens em Minas Gerais, mas quando comecei a estudar o assunto mais a fundo, vi que na realidade eles eram muitos. Em 2001, houve um acidente grande em São Sebastião das Águas Claras, cidade conhecida como Macacos, no qual cinco operários morreram. Em 2003, ocorreu um rompimento em Cataguases e, em 2007, em Miraí. Estes dois últimos não resultaram em mortes, mas o impacto ambiental foi enorme, e consequências indiretas se seguiriam ao longo de anos. Em 2014, fomos empenhados em um acidente dentro de uma mineradora em Itabirito, na Mina do Pico, onde um funcionário havia ficado soterrado em um túnel. Não se tratava de um rompimento de barragem, mas nesse dia eu percebi que o potencial de acidentes naquela área era enorme. Eu não apenas estava certo como também em setembro daquele mesmo ano fomos acionados por causa do rompimento da barragem na mineradora Herculano. Não era para menos, o estado de Minas Gerais, conhecido por seu queijo, é ele próprio praticamente um queijo suíço, se levada em conta a quantidade de barragens de mineração espalhadas no interior de suas divisas. Eram mais de 650 barragens, sendo 425 pertencentes à mineração. Nesse cenário, o potencial para acidentes é alto, e a preparação dos bombeiros se faz extremamente necessária, caso precisem agir. Eu investia meu tempo no estudo desse assunto, para que pudesse encontrar as melhores soluções para esse tipo de ocorrência. Atualmente, são catalogadas cerca de 700 barragens em Minas Gerais. Entre elas, mais de 400 são de rejeitos de minério, incluindo uma das maiores do mundo, localizada na cidade de Paracatu, no noroeste do estado.

No mestrado eu tive a companhia de um grande amigo da vida e do Corpo de Bombeiros. Uma das pessoas mais humildes que já conheci, um cara que, assim como eu, parece ter nascido para ser bombeiro. O nome dele é Júlio César. Júlio é um cara fenomenal, com quase dois metros de altura, porte enorme, negro, mas com uma voz que não condizia com sua descrição – acho, inclusive, que

Anderson Silva ficaria aliviado. Ele trabalhava em Ouro Preto e fazia mestrado comigo. Não posso dizer que ele era meu braço direito, pois era difícil dizer quem era o braço direito de quem, já que nas ocorrências mais difíceis que enfrentei ele sempre esteve ao meu lado. Éramos da mesma turma de oficiais. Conheci-o em 2007 e já havíamos atendido juntos a algumas situações muito complexas. O mestrado era uma delas: treinamentos que envolviam fome, sono e frio. As ocorrências complicadas pareciam brincadeira de criança perto de matérias como mecânica dos solos, mecânica das rochas, estabilidade de taludes, entre outras. Honestamente, eu preferia passar fome e frio a fazer as provas do professor Romero, coordenador do curso. Apesar de que, nos cursos do Corpo de Bombeiros, os alunos também faziam provas teóricas.

As provas nos nossos cursos eram bem peculiares. Colocávamos os militares dentro de uma vala, com luvas, máscaras, óculos, capacete, todos equipados, agachados na lama, com um lápis menor do que a ponta de um dedo para fazer prova escrita, ao som dos temas da Galinha Pintadinha, do He-Man, do Homem Macaco e de outros que invadem e corrompem da mesma forma a mente do aluno e o impedem de raciocinar direito. Mas, por bem ou por mal, trabalhar na adversidade era o que queríamos ensinar, tanto que empregávamos constantemente a frase: "Trabalhar confortavelmente no desconforto".

Como se não bastasse a prova, o aluno ainda tinha que marcar o gabarito com um prego minúsculo, batendo com um martelo de tamanho considerável. Vários alunos perdiam média por não conseguirem passar o gabarito, e aqueles que não perdiam os minúsculos pregos entregavam a prova tão suja de lama e água que era impossível de ler qualquer coisa escrita nelas. Eram, então, automaticamente reprovados. A intenção era mesmo reprovar, já que a recuperação para as provas teóricas eram provas práticas, que realmente fariam os alunos sentirem saudades das provas teóricas.

As experiências adquiridas com os vários tipos de ocorrência tornavam os cursos mais árduos a cada ano, e tínhamos cada vez mais motivos para dificultá-los, já que as operações mostravam que era mesmo necessário. Por isso, naquela manhã, os relatórios da ocorrência da Herculano não só me ajudariam a embasar minha dissertação como também me dariam novas ideias para as atividades do curso.

Pela manhã fazíamos a "passagem de serviço", em que as duas alas, um grupo de bombeiros que está saindo de plantão e outro que está entrando, se reúnem para repassar as informações do que aconteceu na jornada de trabalho anterior e, após isso, mais uma rodada de café.

Naquele dia 5 de novembro de 2015, para variar, nada de ocorrências de destaque. Quem estava entrando em serviço de oficial de área, a pessoa que coordenava as operações no plantão, era o tenente Tiago Costa.

Tiago é um militar extremamente dedicado. O pai dele foi um bombeiro das antigas, o irmão é bombeiro, ou seja, ele vem de uma família que realmente ama o que faz. Tiago se dedica muito a treinar para ocorrências de acidentes automobilísticos, conhece muito de todas as técnicas para se retirar uma vítima presa às ferragens. O pessoal do batalhão brinca que, se derem um abridor de lata, ele dá um jeito de tirar qualquer vítima presa.

Então, provavelmente teríamos mais um dia de treinamento.

A parte da manhã no nosso batalhão era exclusiva para treinamento físico e técnico, já que essa era uma premissa da existência de um grupo especializado, que deveria estar sempre treinando para ocorrências da mais alta complexidade.

O café após a passagem de serviço era um dos momentos de que eu mais gostava, não pela comida, e sim pelo clima de descontração que reinava entre nós. Só quem presencia sabe realmente como é. Nosso quartel não tinha nada de luxo, longe disso. Estávamos em um antigo canteiro de obra, num local improvisado. A cozinha era minúscula, o refeitório também, e não havia portas separando os ambientes. No refeitório tínhamos uma televisão enorme, que havia sido doada por um oficial que passou por lá, mas que tinha uma faixa branca no meio da tela, que sempre tampava o gol, a cara do assassino, o golpe mais espetacular do MMA e, principalmente, como alguns gostavam de dizer, as beldades que apareciam na televisão.

Eu ria muito de todas aquelas situações, pois, apesar de estarmos em um lugar totalmente improvisado, o moral da tropa estava sempre alto. Para se ter uma ideia, no quartel criávamos várias galinhas, que serviam para comer os escorpiões. Um dia, Denílson, um dos soldados que trabalha conosco, resolveu levar um galo, e em menos de duas semanas já tínhamos galinheiro com poleiro e pintinhos povoando o recinto. Em pouco tempo, o quartel passou a ter tanta galinha que, em uma determinada ocorrência, assim que abriram o box da viatura, uma galinha saiu de lá de dentro voando pela rua. Essas situações mantinham um clima de muita descontração. Dificilmente você via a tropa de mau humor.

Naquele dia, estavam em serviço: o sargento Ferreira, o sargento Mendes, o sargento Magela, o cabo Henrique, a soldado Carolina, o soldado Magalhães e o soldado Carraro.

Ferreirinha, como todos o chamam, era o mais antigo de todos naquele dia, um cara fenomenal, sempre de bem com a vida, motorista, mergulhador, o famoso pau pra toda obra. Nunca tinha visto o Ferreira reclamar de nada, sempre bem-disposto, com fala alta e aguda, o que frequentemente levava alguns a imitarem a sua voz. Além disso, ele é viciado em Coca-Cola, bebe mais do que água. No plantão dele é comum ter refrigerante no café da manhã, no almoço, no lanche da tarde e no jantar.

Já o sargento Magela é o exato oposto. Lutador de jiu-jitsu, tem uma academia e orelhas que não deixam dúvida disso. Ele é totalmente natural, toma vários tipos de chá pela manhã, cada dia leva um tipo diferente e insistia para que eu tomasse com ele. Era chá para tirar dor no joelho, chá para emagrecer, chá para rejuvenescimento... e todos deveriam ser consumidos sem açúcar. Assim era o embate entre Ferreira, oferecendo Coca-Cola e pão com tudo que se possa imaginar, e Magela, com seus chás e biscoitos integrais.

O sargento Mendes foi da minha turma de soldado em 2004, um excelente nadador, que, com o passar do tempo, foi se especializando no Corpo de Bombeiros. É um cara calado, não gostava muito de conversa. Estava havia pouco tempo no nosso batalhão e parecia não se preocupar em fazer amizades. Tinha sido recém-transferido, mas demonstrava não estar se adaptando, pois diferentemente do local de origem, ali não havia tanta demanda. Ele foi para lá a pedido do Tiago Costa, que tinha trabalhado com ele anteriormente, mas eu percebia claramente que ele já estava ali desgostoso, aceitava aquela situação porque era um local tranquilo, dava para ele ir à aula, fazer faculdade e, com o tempo, se formar, coisa que talvez em outro local ele não conseguisse.

O Magalhães era um dos soldados mais enquadrados que conheci. Era do interior de Minas, tinha um pé atrás com tudo, mas muito proativo. Fotógrafo da turma, ele gostava de registrar as nossas operações e os treinamentos, e realmente fazia fotos muito boas. Era a minha dupla de mergulho. Todas as vezes que mergulhávamos juntos, encontrávamos o corpo submerso com uma rapidez impressionante. Eu costumava brincar dizendo que, sempre que ele fosse mergulhar sem que eu estivesse presente, ele deveria esperar até eu chegar para que houvesse sucesso naquela missão.

Carraro era o que chamávamos de o recruta do pelotão. Já devia ter quase dois anos de formado, mas como outra turma ainda não havia se formado, ele era tratado como recruta. Na verdade, era para o bem dele, pois estava em um pelotão especializado, onde todos os outros tinham no mínimo cinco anos de Corpo de Bombeiros e dois cursos de especialização. Por isso, os recrutas não usavam alaranjado, mas tinham a farda cinza. Não era um demérito, mas sim um processo que achávamos interessante para que eles se motivassem a fazer cursos, se preocupassem em estudar, treinar e se especializar. Os recrutas não iam para as ocorrências de prioridade, eles ficavam na "hora", que é a sentinela do quartel. Como um sargento de lá dizia, não se sabe se a hora foi feita para o recruta ou se o recruta foi feito para a hora. Eles atendiam ocorrências mais simples, como tirar cavalo de fossas, tirar cachorro de córregos, entre outras. Tiago e eu ficávamos de olho nos recrutas para ver quais tinham o perfil para trabalhar num pelotão especializado e quais continuariam na "hora".

O cabo Henrique era um exímio motorista, com um domínio impressionante do carro. Dirigia bem, com tranquilidade e segurança.

A Carol era uma das pouquíssimas mulheres que trabalhavam lá. Não que não houvesse outras mulheres qualificadas, pelo contrário. Já havíamos chamado outras, mas a maioria não se interessou em trabalhar com um bando de malucos. Carolina Maria é difícil até de descrever, pois poucos homens faziam o que ela fazia. Para se ter uma ideia, um dia, por diversão, Carol resolveu participar de uma prova de triátlon. Ela se inscreveu na categoria de amadores, aqueles que saem depois dos profissionais, mas chegou antes de todas as profissionais e ficou com o 1º lugar. Era assim, cortava árvores que homens não cortavam, subia em prédios em que homens não subiam. Raramente sorria, o que podia parecer arrogância a quem não a conhecesse bem, mas tinha o coração do tamanho do mundo, resolvia todos os problemas que o quartel possuía e procurava ajudar a todos. Realmente era alguém que fazia a diferença. Com uma inteligência fora do normal, era formada em matemática e cursava arquitetura. Sua formatura e a entrega do trabalho final estavam muito próximas. Ela nunca havia me pedido uma folga, pois os militares têm direito a folgas para compensar o excesso de carga horária trabalhada, mas naquele mês eu a obriguei a folgar por cerca de três plantões na primeira quinzena, para que ela pudesse terminar a graduação. E ela ficou contrariada por isso.

Era assim, os militares estavam lá por uma causa maior do que propriamente o que faziam. Explicarei melhor. A maioria das pessoas age e pensa da seguinte maneira: o que fazer, como fazer e por que fazer.

No nosso exemplo típico, eu pensava que a maioria estava lá para ser um bombeiro, entrava na corporação para fazer atendimento de primeiros socorros, apagar fogo e outras ações. Então aprendiam por meio de cursos como apagar o fogo, como socorrer uma vítima e, depois disso, viam por que incêndios acontecem, por que as pessoas se machucam e por que precisam de bombeiros. Para o nosso batalhão, eu chamava os militares que enxergavam isso de uma forma diferente, inversa. Não queria o militar lá para simplesmente dizer que trabalhava num pelotão especializado ou porque ele era bom em fazer determinada atividade, bom no combate a incêndio, ótimo mergulhador ou excelente em qualquer outra área. Eu queria militares que, antes de tudo, antes de saber *o que* fazer ou *como* fazer, desejassem estar lá por uma causa. Eu mesmo queria estar lá para fazer a diferença para muita gente. Eu queria que um bombeiro, pelo menos naquele local onde eu trabalhava, fosse reconhecido por se dedicar a grandes causas humanitárias, como terremotos que arrasam cidades e criam a necessidade de que haja pessoas lá para ajudar a reconstruir suas vidas, sem ganhar nada a mais por isso.

Era isso que eu gostava e queria enxergar no militar, que ele defendesse uma causa, uma ideologia. Não que ele fizesse o seu serviço para uma finalidade específica, mas que a finalidade de ajudar fosse seu objetivo central. É lógico que nem todos tinham consciência clara disso, mas todos que estavam ali ou que foram chamados por mim para compor esse grupo, estavam lá porque eu enxergava neles esse ideal.

Depois do café, os militares iam para o pátio externo receber instruções diversas e, neste dia específico, eu não iria acompanhá-los, pois tinha outras demandas administrativas para resolver. Mesmo assim o rádio em cima da minha mesa era item obrigatório. Eu gostava de acompanhar as ocorrências, de saber o que se passava na rua. O pessoal do batalhão onde eu trabalhava quando fui recruta dizia que estava ouvindo a Rádio COBOM FM (Centro de Operações de Bombeiros FM). Desde soldado eu gostava de ouvir a rede de rádio, enquanto estava na "hora". Afinal, eu também já tirei muita "hora".

Ouvir a rádio era bom, pois às vezes o pessoal precisava de informações do local, de como estava o incêndio ou de algum apoio, e eu gostava de saber que podia ajudar de alguma maneira. Mas até a COBOM FM estava meio sem novidades nos últimos dias, e vários militares comentavam que tudo estava muito parado. Eu retrucava essas falas, lembrando que é melhor treinar em tempos de paz do que ter que gerenciar o caos. E os lembrava constantemente:

– Cuidado com o que vocês pedem, pois isso pode acontecer, e a gente não dar conta.

Nesse dia não foi diferente, e os comentários sobre o rádio surgiam. Era período de chuvas e nós sempre deixávamos viaturas e materiais para ocasiões extraordinárias em condições de utilização, pois era nessa época que as ocorrências mais sérias aconteciam, apesar de aquele dia estar bastante quente e ensolarado. A manhã já chegava ao fim, e eu estava recordando a ocorrência da barragem da Herculano. Havia tirado várias fotos e feito filmagens com minha câmera, então lembrei que ela estava com a bateria baixa e resolvi carregá-la para deixar a máquina pronta para um uso eventual.

No dia da ocorrência da barragem da Herculano, em 2014, fomos de helicóptero até o local do acidente, pois era muito longe para seguir de viatura, e assim conseguiríamos chegar mais rápido. Foi difícil. A área de busca era enorme.

Aqueles mesmos militares que estavam lá fora estavam em serviço comigo naquele dia. Mas eu acreditava que isso não aconteceria de novo, principalmente naquele dia comum, mais um como qualquer outro.

O pessoal estava indo para a parte externa, quando o Ferreira gritou, brincando comigo:

– Ô, senhor tenente, podia dar um pau quebrando aí pra gente ralar até falar chega, hein?

– Cuidado com o que você pede Ferreira, a gente pode não dar conta.

CAPÍTULO 2

SEMPRE QUE DER, COMA

O almoço, que hora maravilhosa. Eu realmente valorizava esse momento, pois muitas vezes, muitas vezes mesmo, a gente não conseguia almoçar no horário normal, por volta do meio-dia. Para se ter uma ideia, era comum vermos alguns militares almoçando às 10 horas da manhã, por medo de não terem tempo de comer depois. Quando eu era soldado, os sargentos falavam:

– Sempre que der, coma. E, se o oficial de serviço deixar, durma, pois você não sabe que horas vai comer e que horas poderá dormir.

E era um jargão verdadeiro: já tomei "café da manhã" às 6 horas da noite, e por vezes ficávamos sem almoçar, ainda mais que nosso batalhão atendia às ocorrências mais duradouras e complexas. No nosso quartel havia um sino que era tocado sempre que o almoço estava pronto, e também o usávamos nos cursos. Sempre que um aluno desistia do treinamento, era praxe ele bater o sino e confeccionar uma cruz com o número que o identificava no curso. O sentimento que o som do sino despertava era o mesmo em ambas as situações: na esperada hora do almoço ou quando um aluno desistia do curso, todos vibravam.

Fazíamos nossa comida no quartel, pois o restaurante mais próximo era bastante longe, e preparando a comida lá, não tínhamos problemas com chegar num restaurante por volta das 4h30 da tarde e não encontrar mais nada para comer. Se vocês conhecerem qualquer bombeiro, podem reparar: se eles comem rápido, com certeza é porque trabalham no serviço operacional. Com raríssimas exceções, todos que trabalham na rua comem rápido. Primeiro porque ocorrência não escolhe hora para acontecer. Segundo porque, se você estiver comendo e acontecer uma ocorrência, vai ter sessenta segundos para estar dentro da viatura e, quando voltar, provavelmente quem ficou no quartel vai ter comido seu pedaço de carne. Sim, isso mesmo, comer a carne que você deixou no prato. Se ainda não sabe, isso é outra coisa que acontece dentro do quartel: todos sacaneiam todos, de brincadeiras leves até as inimagináveis. Por exemplo, se você sair de madrugada para uma ocorrência, provavelmente o seu colega que ficou no quartel vai tirar o estrado da sua cama e colocar o colchão no lugar, como se estivesse tudo normal, e na hora que você chegar de noite e se deitar, vai cair no fundo do berço. Balde cheio d'água, virar seu armário trancado de cabeça para baixo, encher sua bota de terra, dar nó na sua farda, colocar galinhas dentro do seu armário, colar um monte de santinhos de candidatos na porta do seu armário, pegar sua marmita de manhã e colocar no congelador, para ela estar congelada na hora do seu almoço, colocar fogo no alojamento e até levantar uma parede de tijolos dentro do seu armário durante seus dias de folga: das mais simples às mais sem noção!

Após o almoço, era comum alguns tirarem um cochilo, quando as ocorrências permitiam, claro. Eu não me importava, desde que dormissem até umas 2 da tarde. Várias vezes virávamos a noite trabalhando, e era realmente importante que eles estivessem descansados.

Naquele dia, após o almoço, ficamos conversando todos juntos. Por volta das 4 da tarde, a soldado Carol sugeriu que pedíssemos um açaí, e me lembro de ter comentado:

— Você tá levando a sério essa coisa de comer sempre que possível, né?

Como era típico da Carol, ela não riu, e continuou perguntando quem mais ia querer, para fazer o pedido ao tele-entrega. Eu não quis, e Tiago, também não. Acabou que só ela, Ferreira, Magalhães e Magela pediram. Coisa pouca, um litro de açaí para cada. Assim que o açaí chegou, o sino soou novamente e o pessoal foi comer no lado de fora do pelotão... foi quando meu celular vibrou, e o do Tiago, tocou.

Tiago chegou a me mostrar na tela do aparelho que era o coordenador do COBOM (Centro de Operações de Bombeiros), que é onde os chamados de emergência caem quando as pessoas discam 193. Não era comum o coordenador ligar para o celular do oficial de serviço do nosso quartel. Geralmente, quando ligava, não era sobre ocorrências, e sim por algum estresse por causa de escala errada ou para avisar que uma viatura estava baixada, sem condições de atendimento, coisas desse tipo.

Enquanto Tiago atendia o coordenador, fui ler as mensagens do grupo de WhatsApp no celular. Quando voltei os olhos para o Tiago, a cara dele deixava transparecer que alguma merda tinha acontecido. Ele deu dois tapas no meu ombro e falou:

– Rompeu uma barragem da Samarco!

Ainda tentando entender, eu disse:

– O quê? Tá de sacanagem, né? Onde?

Quando olhei o telefone de novo, tinha uma mensagem do Júlio César, meu colega de curso e comandante do pelotão de Ouro Preto, dizendo a mesma coisa. Olhei para o Tiago novamente, que ainda estava ao telefone, ouvindo o que o coordenador falava. Ele mexia os lábios sem voz, para que eu fizesse a leitura labial:

– Mais de cem vítimas! Em Mariana! Rompeu em Mariana!

Eu não podia acreditar naquilo. Um ano antes já havíamos atendido um rompimento de barragem, com três vítimas fatais e poucos feridos. E agora outra barragem rompendo com mais de cem vítimas? Mariana? Rapidamente me veio à cabeça a imagem daquela linda cidade histórica da época do Brasil Colônia. Carregada de religiosidade, arte e outras riquezas, foi a primeira vila e a primeira capital de

Minas Gerais. E agora estava debaixo da lama? Corri para dentro do alojamento, para colocar a farda alaranjada e pegar meu equipamento. Enquanto isso, Tiago veio atrás de mim, repassando as informações.

Então, digitei rapidamente no nosso grupo do WhatsApp:

"PBS" (PELOTÃO BUSCA E SALVAMENTO)

Farah
Pessoal no qap*   16:38

Farah
Rompimento de barragem   16:38

Farah
Júlio tá no qap?   16:38

Sargento Lopes
Sim   16:38

Sargento Faria
Sim   16:38

Sargento Faria
Qap tenente   16:38

Sargento Kleber
👍   16:38

Sargento Kleber
Q.a.p   16:39

Farah
qsl   16:39

Farah
Tamo confirmando   16:39

*As siglas QAP e QSL significam, respectivamente, "estou na escuta" e "entendido". Elas fazem parte do "código Q", uma convenção internacional para a comunicação entre operadores de rádio.

"PBS" (PELOTÃO BUSCA E SALVAMENTO)

Farah
A princípio mais de 100 vítimas — *16:40*

Farah
Não divulguem a informação — *16:40*

Cabo Menon
QAP — *16:40*

Sargento Kleber
Putz — *16:40*

Sargento Faria
Nuhhhh — *16:41*

Farah
Por favor não divulguem — *16:41*

Sargento Faria
Pode deixar — *16:41*

Sargento Kleber
👍 — *16:41*

Sargento Kleber
Qual local sr. ten? — *16:42*

Farah
Mariana — *16:44*

Farah
Pessoal — *16:44*

Farah
Preciso de 15 — *16:45*

Todos imediatamente responderam: "Pronto".

Eu precisava que os militares de folga se deslocassem para o quartel com urgência. Pedi o apoio inicial de 15 militares, mas que o restante aguardasse. Eu não poderia pedir todo mundo, pois ainda não sabia a dimensão do que realmente tinha acontecido. Nós poderíamos ficar lá uma semana ou um mês, mas, para isso, eu tinha que chegar ao local para ver o que estava acontecendo.

Nesse meio tempo o tenente Tiago disse, fazendo um gesto com a mão, como que me pedindo para esperar:

– Parece que não tem vítima.

Não entendi nada. Pela nossa experiência, dificilmente uma barragem que rompe não deixa vítimas. Logo em seguida recebi um áudio do Júlio, dizendo:

– Farah, rompeu a barragem e soterrou um distrito inteiro. Distrito de Bento. E são barragens em cascata.

Na hora um turbilhão de pensamentos terríveis veio à minha cabeça. O mestrado tinha me dado conhecimento suficiente para saber que barragens que estão "em cascata" foram dimensionadas para suportar uma determinada quantidade de água ou rejeito, e o meu moral desabou mais ainda.

Eu não conhecia o distrito de Bento Rodrigues, que fica localizado a 35 quilômetros de Mariana, exatamente na rota do rio da lama.

Mandei uma mensagem para o Júlio, perguntando se o rejeito era tóxico, e recebi a resposta que eu não queria ouvir:

– Farah, eu acho que é, pois a barragem é de mineração.

Liguei para o coronel Ramos, comandante operacional, que chefiava todos os quartéis da região metropolitana e as cidades vizinhas, inclusive Ouro Preto e Mariana, para pedir o empenho de aeronaves. Ele respondeu que iria verificar o que fazer.

– Comandante! O senhor está sabendo?

– Ô, comando! – Esse era o pronome de tratamento usado pelo coronel Ramos, ou Chico Bento, como os mais próximos o chamavam. – Tô sabendo, sim, comando. *Cê* mais o Tiago tão indo, né?

A calma do tenente-coronel Ramos era impressionante. Ele é o típico "mineirinho". Tranquilo, sempre com um palito no canto da boca, usava um óculos apoiado na ponta do nariz. Não perdia a paciência, não se estressava com nada, nem com o rompimento de uma barragem. Ele tinha muita confiança no nosso trabalho, pois estivera à frente de todos os trabalhos um ano antes, na mineradora Herculano, e nos deu o que um grupo especializado mais deseja: liberdade de ação. Tudo o que queríamos fazer ele autorizava. Vez ou outra, puxava um pouco nossas rédeas, pois sempre fomos meio malucos, e muitas vezes nos arriscávamos demais. Era bom ter alguém mais comedido para pisar um pouco no freio. Ramos também era piloto de avião e sabia que, se eu ligasse para ele, o empenho das aeronaves deveria ser feito de maneira mais rápida.

– Estamos, sim, comandante. Mas vamos precisar de aeronave, de helicópteros, no mínimo dois.

– Pode preparar a turma aí, comando. Vou mandar dois helicópteros *procês*.

– Obrigado, comandante. Vou aprontar tudo e me desloco. Até logo.

– Beleza, comando. Toma conta da turma, viu? E tome cuidado.

Quando Tiago desligou o celular, reuni a tropa e falei rapidamente:

– Se preparem para o pior. O Júlio disse que soterrou uma cidade inteira, e são barragens em cascata, quer dizer que outras podem se romper. Outra coisa, o rejeito é tóxico, por isso, em hipótese alguma, vocês podem entrar em contato com ele.

Depois disso, todos eles já sabiam o que fazer. O bom de ter uma tropa especializada é isto: não precisava de instruções longas, o treinamento constante já explicava muito. Você só precisa dizer qual é a missão, e cada um já sabe o que fazer. Chamei o Tiago e disse:

– Liga para a Polícia Militar e para a Polícia Civil. Pede o helicóptero deles para apoiar a gente. Eu já pedi ao coronel Ramos, mas reforça lá.

Nessa hora vi aquele pote de um litro de açaí e pensei: "Sempre que der, coma". Não tive dúvida, olhei para a Carol e esperei o sinal de aprovação dela. Quando ela acenou positivamente, tomei metade do açaí.

Enquanto eu arrumava o material, via os militares chegando aos poucos. O primeiro deles foi o Menon.

Menon era cabo, da minha turma de soldado. Assim como eu, ele gostava de fazer cursos, de chegar ao seu limite, não gostava de ocorrências simples. Morria de medo de subir em árvores. Ele não admitia, mas não subia de jeito nenhum. E, como era cabo, deixava o serviço mais pesado para o primeiro soldado que visse na frente. Ele sempre se dedicou muito às ocorrências de incêndio estrutural. Fez curso nos Estados Unidos, pagando do próprio bolso a passagem, a inscrição, a estadia e tudo o mais.

Na verdade, quase todos os militares que trabalhavam comigo já haviam feito algo parecido. Por mais que a corporação investisse em nossos treinamentos, os melhores cursos do mundo não estavam no Brasil, e se quiséssemos realmente ser os melhores, deveríamos ir ao encontro deles. Não adiantava ficar esperando, pois sabíamos que não havia recurso para bancar esse tipo de treinamento, então nós corríamos atrás para nos especializar. Considero esse um ato de altruísmo, pois o conhecimento que nós adquiríamos fora não seria utilizado em outro lugar, a não ser no próprio Corpo de Bombeiros. Quanto mais especializados nos tornávamos, melhor era para todos os que receberiam um atendimento mais qualificado. E esses detalhes podem fazer a diferença entre a vida e a morte.

Menon chegou na moto estridente dele, exatamente a mesma do filme *Motoqueiro Fantasma*. Encostou a moto e correu para dentro do pelotão, me cumprimentando rapidamente. Eu disse a ele:

— Já estou saindo. Só esperando o helicóptero. É o tempo de você fazer essa sua barba.

Eu sempre falava com o cabo Menon sobre a barba, pois no dia da queda do viaduto dos Guararapes, ele apareceu durante a folga – barbudo, ainda de licença por uma cirurgia que havia feito – para nos ajudar nos trabalhos. Eu disse a ele que só o deixaria trabalhar depois que fizesse a barba. Era uma brincadeira interna nossa: na série *Band of Brothers*, que, aliás, é uma aula de liderança militar, o personagem principal, tenente Winters, mesmo no frio congelante da Bélgica, fazia todos os dias sua barba na floresta de Bastogne, durante a Segunda Guerra Mundial. E no curso nós falávamos para os militares que eles deveriam fazer a barba mesmo no frio congelante, ou quando estivessem todos sujos de lama, pois o tenente Winters derretia o gelo, passava o creme de barbear no rosto e fazia sua barba debaixo de neve enquanto uma guerra acontecia lá fora. Então, ninguém nunca teria uma desculpa boa o bastante para deixar de fazer a barba.

Tiago se aproximou de mim e disse:

— O helicóptero do Corpo de Bombeiros está empenhado e não vai poder vir. Só o da Polícia Militar e o da Polícia Civil têm condições. Já estão vindo para cá.

— Tiago, equipa a caminhonete e vai por terra com o Mendes. Vai agora. No helicóptero vai ter pouca vaga, provavelmente só quatro.

Os helicópteros tinham ao todo seis lugares, mas piloto e copiloto eram obrigatórios e, na maioria das vezes, iam dois observadores aéreos, principalmente em operações de alto risco. Sei que o tenente não gostou da ordem, mas aquilo era necessário. Eu já havia tido outras experiências em que me desloquei com outros oficiais e não deu certo. Tiago era o meu comandante de pelotão, e eu precisaria do apoio dele na coordenação das operações.

Ele e o sargento Mendes já estavam acabando de equipar a viatura, quando vi o sargento Faria chegando. Saiu do carro correndo e veio tropeçando nos materiais que trazia.

Faria foi meu instrutor em vários cursos. Era extremamente técnico, conhecia muito de salvamento em altura e estava com a gente no pelotão havia pouco tempo, mas já tinha se entrosado com quase todo mundo, sendo muito querido por todos. Ficou anos na administração do Corpo de Bombeiros e já estava no limite. Na época que veio trabalhar com a gente, ele havia praticamente implorado para voltar a trabalhar na rua, porque não aguentava mais ver tanto papel. Ele exercia um serviço importantíssimo na administração. Era realmente um ótimo militar aonde quer que fosse, mas queria muito voltar para a rua, e eu fiz de tudo para ajudá-lo, pois ele também havia me ajudado muito no curso de salvamento em altura.

Nessa época do curso, em 2006, eu tinha muita dificuldade em fazer algumas manobras no cabo aéreo, uma corda esticada entre duas estruturas metálicas, na qual os bombeiros têm que passar de um lado para outro e, na metade do caminho, se soltar da corda e ficar pendurados por uma fita e um mosquetão. Para voltar à posição inicial é necessário fazer algumas manobras, e é aí que vinha o pro-blema... Eu sempre fui pesado, bem pesado, e meus braços sofriam para me voltar para a posição inicial. No pré-teste para entrar no curso, eu não consegui concluir a manobra. O coordenador do curso, o então capitão William, havia me dito que eu provavelmente não me formaria se não fizesse uma das manobras de retorno ao cabo aéreo. Mas eu sabia que só precisava de oportunidade, de tempo e de treino. E na época, o sargento Faria me ajudou. Ele ficava até tarde me ensinando as técnicas com muita paciência e didática. Era uma questão de honra para ele fazer com que seu aluno aprendesse, mas é claro que dependia do esforço de cada um também. No fim das contas, consegui fazer as manobras, graças a muita dedicação e empenho do sargento Faria, que nunca desistiu de me ensinar algo que me parecia impossível de conseguir.

Ao meu lado já estavam prontos o cabo Henrique, o sargento Magela e o sargento Ferreira. A Carol não podia ir, pois tinha apresentação do trabalho de conclusão de curso no dia seguinte. Na verdade, ela queria ir, mas eu não deixei. Carraro era recruta, mas já estava preparado.

Meu celular tocou; era o coronel Ramos novamente. Ele me ligou para dizer, com aquela calma que só ele tinha, que as aeronaves estavam indo sem observadores aéreos, que era para eu redobrar a atenção e, mais uma vez, tomar conta da "turma". Disse que ia dar um jeito de ir até lá para nos apoiar, pois a "coisa" estava feia.

Assim que ele desligou o telefone, Tiago olhou para mim, e eu disse:

– A gente se encontra lá. Toma cuidado, parece que a situação não está boa, não.

A ansiedade aumentava e com ela o número de militares que chegavam ao quartel. De repente, alguém passou correndo no pátio do quartel, com uma capa de cabeleireiro.

O soldado Assunção era triatleta, negro, canela fina, alto. Ele se parecia mais com uma cobra, mas comia como um leão e trabalhava como um touro. Sabe aquele amigo magro de ruim? Era o Assunção. Presenciei Assunção comendo dez cachorros quentes uma vez. Confesso que fiquei assustado. Ao terminar o décimo, ele ainda lambia os dedos procurando em outros pratos as sobras de alguém. Uma vez fomos a um lugar cujo dono desafiava os clientes a comer dois sanduíches, e quem conseguisse não precisava pagar a conta. No dia que Assunção foi lá ele perguntou ao dono:

– E quem conseguir comer três?

O pessoal da guarnição se entreolhou e não acreditou no que estava prestes a ver. Sim, ele conseguiu, com louvor, e ainda ganhou uma Coca-Cola.

Quando Assunção passou do meu lado com aquele babador gigante, eu perguntei:

– Que porra é essa, Cobra?

Ele parou, olhou para o avental e disse:

– Eu estava indo cortar o cabelo quando vi a mensagem. O cara foi pegar a máquina, e eu levantei e vim correndo pra missão.

Sem graça, ele arrancou o avental e saiu em disparada para vestir a farda.

Logo atrás vinha o Lopes.

O Lopes já estava com a gente havia mais de um ano. Garoto novo, ele já era sargento e ficou muito tempo no interior do estado chefiando a ala operacional, o que lhe conferiu muita experiência. Fez o último curso com a gente e os poucos quilos que tinha ficaram no caminho, de tão magro que ele voltou do treinamento. Mas era um guerreiro, não desistia de nada, bom executor, inteligente e tinha muita liderança com a tropa.

Ele entrou rápido também no pelotão, deu um aceno de cabeça e foi colocar a farda.

Nesse meio tempo, o tenente Abel me ligou.

Abel era da turma de oficiais do Tiago e comandava um dos pelotões da minha companhia. Era comandante do Pelotão de Busca e

Salvamento com Cães e um dos caras mais dedicados que já conheci. Tudo o que pegava para fazer, ele fazia o melhor que podia. Não foi diferente quando foi designado para trabalhar com os cães. Em menos de um ano, Abel já havia treinado o seu border collie tão bem que tinha dois certificados internacionais.

Ele me perguntava se havia necessidade de se deslocar com os cães, e eu respondi que sim, que viesse imediatamente.

Quando desliguei o telefone, Lopes e Menon já estavam prontos ao meu lado.

Cada um levava uma mochila pequena, que chamávamos de mochila operacional de ataque. Nela havia equipamentos básicos, mas que com o tempo aprendemos que eram essenciais para sobrevivermos em situações extremas: água, rapadura, máscara de proteção e bandana, luvas, canivete, faca, fósforo, pederneira, barra de cereal, lanterna, pilhas. Basicamente isso, pois no treinamento ensinávamos que sempre uma equipe de apoio levaria a mochila grande do militar, que ficava pronta no pelotão, com todos os outros materiais necessários, caso tivéssemos algum empenho maior, como seria aquele.

As informações não paravam de chegar via rádio e via telefone, mas nenhuma delas era totalmente confiável. Naquela altura já não sabíamos o que era verdade e o que era especulação. Mas assim que chegou a informação, pelo COBOM, de que uma escola com mais de cem crianças estava soterrada, um silêncio terrível tomou conta de todos nós, e nem havíamos saído ainda. Uma escola infantil soterrada, e nós sem podermos fazer nada. Ao longe começávamos a ouvir o barulho das aeronaves e já estávamos em condições de embarcar. Ferreira, Magela, Magalhães e Menon estavam perfilados e abaixados para embarcar no helicóptero da Polícia Civil, enquanto Lopes, Henrique e eu estávamos prontos para o próximo helicóptero.

Quando o piloto do helicóptero da Civil deu sinal de embarque, eu dei um tapa nas costas de um por um para prosseguirem. Eu olhava nos olhos de cada um, e ninguém mais sorria, ninguém mais falava. Eu nunca tinha presenciado um clima tão tenso no quartel. Naquela hora eu tive certeza de que o bombeiro que dizia não ter medo só o fazia porque ainda não tinha vivido o que a gente viveu. Era algo nítido no olhar de cada um deles. Não era pavor, mas um certo medo do que iríamos ver, pois, por mais experiente que um bombeiro possa ser, ele nunca está preparado para encontrar uma escola infantil soterrada. Aquela não era uma situação qualquer; o desconhecido é sempre desconfortável para a mente, mas era preciso enfrentá-lo. O último tapa foi nas costas do soldado Magalhães, que foi correndo abaixado em direção ao helicóptero. Assim que todos embarcaram, fiz um sinal positivo para o piloto, que decolou.

A aeronave da Polícia Militar já estava em solo aguardando nosso embarque, e então fui repassar as últimas instruções para a soldado Carol, que iria ficar no quartel até a chegada dos outros militares.

– Carol, avisa ao mais antigo que chegar aqui que é para o grupo se deslocar para lá com todo o material possível que tivermos. Mas é para deslocar só quinze! O restante me aguarda, pois, assim que eu conseguir, vou fazer contato passando outras orientações.

Ela balançou a cabeça e disse:

– Boa sorte lá.

Mandei Henrique e Lopes embarcarem. Eu já estava na metade do caminho para meu embarque quando vi o Faria correndo já em condições de ir também. Falei para ele entrar e lembrei da minha câmera que estava carregando. Voltei rapidamente ao pelotão, peguei a câmera e embarquei.

O piloto olhou para nós e, pelo fone, perguntou:

– Todos ok? Podemos decolar?

Balançamos a cabeça como se estivéssemos preparados, mas acredito que ninguém ali estava.

O comandante da aeronave colocou potência no motor e já podíamos ver o quartel de outro ângulo.

Meu celular vibrava incessantemente. Consegui abrir uma foto antes de perder o sinal, e a imagem que vi me aterrorizou. Era uma vista aérea da extensão da barragem que havia se rompido.

Realmente não estávamos preparados para o que estava por vir.

CAPÍTULO 3

UM MAR DE LAMA

(SOLDADO MAGALHÃES)

Quando o tenente bateu nas minhas costas logo antes de embarcarmos, eu já sabia o que fazer. Afinal, a gente treinava tanto exatamente para momentos como aquele. O vento forte que vinha do helicóptero na nossa cara não era motivo mais para nos desconcentrarmos da operação. Eu já havia participado, no ano anterior, do rompimento da barragem da Herculano, mas pelo que o tenente tinha falado, esse era ainda pior.

O tenente Farah era minha dupla de mergulho. Nunca vi alguém ter tanta calma, técnica e certeza do que estava fazendo. Apesar de ser um oficial e o responsável pelo comando das operações, ele sempre dava o exemplo nos treinamentos. Demonstrava os exercícios primeiro e de um jeito que fazia tudo parecer fácil.

Eu o conhecia havia cerca de cinco anos. Assim que me formei, ele era aspirante no meu batalhão e desde a primeira impressão já se mostrava um bombeiro por excelência. Quando chegou, já tinha vários cursos da época em que era soldado, e já não havia mais lugar para os brevês em sua farda. Era um cara que não agradava a todos – ou o amavam ou o odiavam, não havia meio termo. Muitos daqueles que não trabalhavam diretamente com o tenente não gostavam dele, pois ele não era muito de ficar conversando e bajulando os outros.

Falava muito bem perante a tropa e tinha uma capacidade de liderança que realmente despertava um espírito de bombeiro em todos nós. Era bastante agitado, gostava de ir a todas as ocorrências, das mais simples até as mais complexas. Tomava café o dia todo. Acho que por isso era daquele jeito.

Lembro de ele ter sofrido dois acidentes em serviço. Na verdade, um deles foi durante uma festa de final de ano, no batalhão, para crianças com câncer. Ele tinha plantado uma semente espetacular no pelotão onde trabalhava. Todo fim de ano, ele organizava uma festa para crianças carentes. Os militares compravam presentes, um se vestia de Papai Noel, outros faziam lanches e recreações com as crianças, com direito a volta no caminhão do Corpo de Bombeiros. Na festa para as crianças com câncer, ele e mais alguns militares rasparam a cabeça com máquina zero e fizeram um dia de bombeiro com elas. Foi muito legal, mas durante uma das atividades, ele torceu e quebrou o pé, o que resultou em três parafusos e um pino. Ficou um bom tempo de molho, mas quando retomou as atividades, já voltou fazendo um curso de salvamento. Ele ainda não havia recebido liberação completa, mas a agitação (e o café) não lhe permitiam ficar quieto, tanto que num dos treinamentos ele exagerou um pouco e acabou quebrando um dos parafusos que estava no osso do pé. Quando chegou a hora de retirar o pino e os outros parafusos, parte de um deles ficou para trás.

Mas o último acidente tinha sido o pior. Ele caiu durante um incêndio. Ninguém sabe ao certo o que aconteceu, mas ele rompeu todos os ligamentos do joelho, e o médico havia dito que ele jamais retornaria às atividades de rua. Lembro que o pessoal do quartel ficou muito abalado. Havíamos perdido o nosso comandante, pois o tempo de recuperação era de, no mínimo, seis meses. Sei que ele operou com um médico de fora, pois todos os outros haviam dito que era impossível ele voltar para o operacional. Mas seis meses depois lá estava ele de volta. Havia engordado bastante em razão do sedentarismo, mas estava de novo à frente da nossa tropa e recomeçando a prática de atividades físicas para retornar.

Agora ele já estava bem, tinha voltado ao seu condicionamento físico e estava preparando outro curso para ministrar. Mas, por causa de problemas financeiros que o quartel enfrentava, decidiram cancelar o curso, que deveria ocorrer exatamente naquela época. Talvez se o curso estivesse acontecendo na época ele não estaria lá para comandar aquela operação que acabara de começar.

Quando entrei naquele helicóptero, uma das coisas que me preocupava era que o tenente ainda não havia embarcado, e tomar decisões sem ele estar presente não era tarefa muito fácil, ainda mais se tratando de ocorrências de deslizamento. Nos últimos anos, ele estava estudando tanto sobre esse tipo de ocorrência, sobre desastres no geral, que era difícil encontrar alguém tão qualificado. De uma coisa sabíamos: o rejeito era tóxico e não deveríamos em hipótese alguma entrar em contato com aquela lama.

O helicóptero ganhou altitude rapidamente, olhei para os lados e lá estavam o sargento Magela, o sargento Ferreira e o cabo Menon. Todos apreensivos, ninguém falava nada, ninguém sabia muito o que fazer, ninguém dava um palpite; só ouvíamos os pilotos pelo fone se comunicando com a torre, buscando mais informações. Disseram que em menos de vinte minutos estaríamos no local da ocorrência.

À medida que avançávamos sobre o horizonte, nossa preocupação aumentava, assim como a incerteza do que teríamos que fazer. O relevo da nossa região é extremamente acidentado, e o número de mineradoras é grande. Passamos por cima do local do acidente do ano passado – tínhamos ralado muito naquela operação...

Ficamos quase um mês na barragem da Herculano e só fomos retirados devido ao alto nível de perigo a que estávamos expostos. Só conseguimos encontrar o último corpo três meses depois, quando um dos cães indicou um determinado local, já após o término da operação. O corpo estava a dez metros de profundidade, praticamente impossível de se encontrar. Naquela época o tenente Júlio César ficou à frente da operação na maior parte do tempo, pois o tenente Farah estava de passagem comprada para viajar. Lembro que ele quase perdeu o voo por estar tão imerso naquela situação.

Por onde passávamos víamos uma mineradora. Em Minas Gerais, quase toda cidade tinha alguma atividade relacionada à mineração, como o próprio nome do estado já indica. E toda vez que passávamos por cima de uma mineradora, eu logo pensava que estava no local da ocorrência. Mas, de repente, avistamos uma imensa nuvem de pó à frente da aeronave, então tive certeza de que estávamos chegando. Foi quando o piloto disse:

– É logo ali na frente.

Não dava para entender nada daquilo, só víamos fumaça e um rio de lama descendo. O piloto avistou um pequeno platô do nosso lado direito e disse que iria pousar ali, que era para prepararmos o desembarque.

O helicóptero descia devagar, aproximando-se do local de pouso, quando, repentinamente, um sinal ensurdecedor começou a soar dentro do helicóptero. Luzes no painel se acendiam enquanto uma outra maior e vermelha piscava. Parecia que estávamos descendo muito rápido – foi quando percebi que o helicóptero estava caindo.

– Perdi o controle, estou sem sustentação! – disse o piloto Luiz Alvarenga.

– Potência. Chama potência, senão a gente vai cair! – doutor Ramon falava incessantemente.

– Não dá, não dá! Tem muita poeira, tá caindo, não vai dar pra segurar!

– Arremete, arremete!

O chão ia se aproximando e a luta dos pilotos com aquele monte de controles parecia inútil, pois a poeira só aumentava e o helicóptero já estava às cegas. Não conseguíamos enxergar um palmo à nossa frente; uma nuvem de poeira vinha de todos os lados. Eu não estava acreditando naquilo, a gente não tinha nem chegado ao local da ocorrência e íamos cair. Um filme passava pela minha cabeça – minha filha, minha esposa –, tudo o que havíamos treinado terminaria ali naquele voo. E, o pior, não conseguiríamos salvar ninguém. Tanto treinamento para nada. O barulho daquelas sirenes era atordoante. Na minha cabeça agora a instrução de embarque e desembarque de aeronave era o que fazia sentido. Lembrei de abaixar e abraçar as pernas, enquanto ouvia o piloto gritar para não sairmos da aeronave.

Quando um helicóptero cai, o mais seguro é continuar dentro da aeronave. Nas instruções, eles relatavam fatos de pessoas que sobreviviam à queda, mas eram atingidas pelas pás do helicóptero quando saíam da cabine.

Fechei os olhos e pedi a Deus que me desse a oportunidade de tentar ajudar alguém naquele mar de lama, mas eu só ouvia o barulho da sirene e já não escutava mais as vozes dos pilotos. Era difícil de acreditar em tudo aquilo, estávamos indo até lá não só para ajudar as pessoas mas também, agora, prestes a virar vítimas. De repente uma força brusca nos jogou para cima e para trás.

O helicóptero ganhou altitude, dava para sentir. Eu abri os olhos e vi as luzes do painel se apagando. Para meu alívio, vi os outros também de olhos fechados, mas que, um a um iam se abrindo. O sargento Ferreira havia aberto um olho só, como se ainda esperasse pelo pior. O copiloto olhou para nós e disse:

– Estão todos bem? Vamos tentar sair daqui, tem muita partícula em suspensão. Está difícil segurar a aeronave – falou Luiz Alvarenga, piloto extremamente experiente que nos deu mais uma chance de vida.

Eu não sabia o que ele queria dizer com estar bem. Eu estava vivo, mas não estava bem. Não tinha como estar bem. Bem eu estaria quando meus pés estivessem tocando o chão.

O helicóptero ganhava altitude e rapidamente começamos a ter noção do que estava acontecendo. À nossa esquerda, víamos a outra aeronave, provavelmente a que trazia o tenente Farah. E ouvimos no fone a conversa entre os pilotos:

– Pégasus, nem pense em diminuir a altitude. Perdemos potência, quase caímos. Foi tenso, estou tremendo até agora.

– Você acha que eu não vi? – disse o piloto do outro helicóptero. – Não sei como vocês saíram dessa.

– Nem nós sabemos.

– Pégasus, vou tentar achar um local para o pouso, ok?

– Recebido, Carcará. O tenente está pedindo aqui para ver a extensão da área atingida, vou seguir o fluxo.

– Recebido. Não esquece que temos somente mais uma hora de teto de voo.

O nosso helicóptero então começou a se aproximar de um campo de futebol próximo de algumas ruas laterais, mas, conforme descíamos fomos vendo o tamanho do nosso problema. Na verdade, aquilo parecia uma cidade. Sim, era uma cidade, só que já estava toda encoberta de lama. Só conseguíamos ver os telhados. À medida que nos aproximávamos, os detalhes da destruição ficavam ainda maiores: carros boiando na lama, tratores sendo arrastados... Não dava para acreditar.

O piloto começou a se aproximar do campo de futebol e logo uma multidão se juntou no solo. Dessa vez a aproximação foi suave, sem toda aquela tensão que vivemos na tentativa de aterrissagem anterior. Quando o piloto desligou o motor e autorizou o nosso desembarque, já havia uma multidão próxima de nós. Várias pessoas chorando, aos prantos. Pessoas gritando, crianças desesperadas. Nós não sabíamos o que fazer. Todo mundo se aproximava, todos falando ao mesmo tempo. Eu olhei para o sargento Ferreira, o mais antigo de nós, esperando alguma ordem, qualquer coisa que ele pudesse falar para que começássemos logo a ajudar aquelas pessoas, mas ele também estava rodeado – todos gritavam, chorando em desespero.

Parecia uma cena de filme, um filme de guerra, daqueles em que, quando a ajuda chega, os refugiados avançam ferozmente, ávidos pela salvação. Mas nós não sabíamos o que fazer. Olhei para o céu com a esperança de ver o helicóptero que trazia o tenente, mas o que vi foi a aeronave deles, a Pégasus, sumindo no horizonte e nos deixando sozinhos com aquela multidão. De repente senti um solavanco no braço. Um homem forte e alto me puxou e apontou para o rio de lama à nossa frente, dizendo:

– Eles estão sendo arrastados! Faz alguma coisa! Faz alguma coisa!

Forcei a vista e vi ao longe duas pessoas sendo arrastadas. Não dava para identificar, mas o homem falava que era uma mulher e um menino. Eles estavam muito distantes, mas dava para ver que eram duas pessoas. Corri até o sargento Ferreira, e o piloto e disse:

– Sargento! Olha lá, duas vítimas sendo levadas! A gente precisa fazer alguma coisa!

Ouvindo meu desespero, o piloto entrou na aeronave; o copiloto, que era um delegado também, entrou e disse:

– Vamos, só vai dar para levar mais um, senão corre o risco de cair de novo.

Nós nos entreolhamos. Quem iria entrar? Quem iria lá para tirar aquela mulher e a criança da correnteza? Como faríamos isso? Não podíamos entrar na lama, era tóxica. Eu estava equipado com material de rapel, mas não tinha fita para me segurar nos pontos de ancoragem do helicóptero. O cabo Menon olhou para mim, retirou a fita do equipamento dele e me deu, dizendo:

– Tá com você Magal, vai lá.

O sargento Ferreira fez um movimento aprovando a decisão do cabo Menon, e eu entrei no helicóptero.

Me ancorei rapidamente ao olhal do chão da aeronave e estava com metade do corpo para fora quando ela decolou. Doutor Ramon, o delegado-chefe do hangar da Polícia Civil, estava ao meu lado, também com meio corpo para fora, tentando localizar aquelas duas pessoas. Não dava para ver nada direito, era tudo marrom, tudo cor de lama. Carros, cavalos, casas – tudo pintado de lama. Já havíamos perdido as nossas referências, sabíamos que eles estavam lá, mas onde? Foi quando avistei, próximo à copa de uma árvore, a mulher sendo arrastada, agitando os braços, e disse:

– Ali, às 3 horas! – As referências dentro da aeronave eram repassadas como se estivéssemos em um relógio: a parte da frente do helicóptero era o meio-dia e a cauda, 6 horas. Assim ficava mais fácil identificarmos a direção em que deveríamos ir.

O piloto olhou para o ponto que eu indiquei e disse:

– Copiado. Estou no visual com a vítima.

A aeronave se aproximava enquanto a senhora ia sendo arrastada pela lama. Pedaços de tronco de árvores também eram arrastados como se fossem de papel. Me dependurei no esqui do helicóptero para tentar me aproximar o máximo possível daquele mar de lama, mas ainda faltava muito:

– Mais baixo, mais baixo – eu gritava, já sem os fones. Doutor Ramon repassava a orientação ao piloto, que não enxergava a vítima. Quem orientava toda a manobra era o doutor Ramon, que também era piloto, mas não estava nos controles, pois precisava me ajudar a resgatar aquela senhora.

Vi que ele tentava se aproximar, mas o helicóptero balançava, tremia muito, e do esqui eu sentia aquilo tudo com muita intensidade. Estendi o braço o máximo que pude, mas ainda estava longe. Faltava cerca de um metro para eu conseguir alcançar a mulher, que abanava os braços como se tentasse nadar e apontava para a frente. Fiz sinal para abaixarem mais, mas vi que ele não conseguia. Decidi soltar minha fita da ancoragem e me pendurar no esqui.

Eu estava nas mãos de Deus. Qualquer movimento mais brusco em que não conseguisse me segurar, eu cairia de cabeça naquela lama e seria arrastado.

Não adiantou, faltava ainda um braço para alcançá-la e, à medida que ela ia sendo arrastada pela lama, o piloto fazia de tudo para manter a aeronave próxima, para que conseguíssemos pegá-la. Doutor Ramon também soltou sua fita e agora estava totalmente fora da aeronave no esqui junto comigo. Ele segurava na parte baixa do banco do copiloto. Olhou para o piloto da aeronave, que sabia o que o delegado estava pensando, e balançou a cabeça em sinal de reprovação. O delegado voltou com metade do corpo para dentro do helicóptero e gritou:

— A gente precisa fazer isso, não vai ter jeito!

Ele então voltou para o lado de fora e gritou para mim:

— Nós dois vamos nos dependurar no esqui e ter que puxar ela juntos.

Parecia loucura, insanidade, mas era a única chance de conseguir retirar aquela mulher da correnteza de lama. O peso de três pessoas estaria concentrado naquele lado da aeronave, era uma manobra mais do que arriscada: era suicida. O helicóptero se aproximou novamente, e tentei alcançá-la sem precisar fazer aquela manobra, mas não teve jeito. Nós dois nos dependuramos no esqui. Segurei no braço do doutor Ramon para conseguir ganhar os poucos centímetros que faltavam, lancei meu corpo para fora da aeronave, estendi a mão o máximo que consegui e toquei a mão dela, mas a mulher submergiu na lama. Eu não podia acreditar naquilo. Olhei fixamente para o lugar onde ela tinha afundado e não a vi mais. Segundos depois ela voltou à superfície, parecia que estava tomando impulso para me alcançar. Consegui segurar no braço dela. Doutor Ramon também havia pegado e disse gritando:

— Peguei! Puxa!

O delegado conseguiu entrar com a metade do corpo na aeronave e trouxe um dos braços da senhora para dentro, mas eu e a outra metade do corpo da senhora ainda estávamos do lado de fora. Fechei meus olhos e comecei a puxá-la para fora da lama. Meu braço doía e latejava de ficar tanto tempo dependurado para fora da aeronave, mas eu precisava tirar aquela mulher de lá. Pensei novamente no helicóptero caindo e na oportunidade que pedi a Deus para salvar alguém. Ali estava a oportunidade. Reuni as forças que me restavam e consegui me puxar, trazendo a senhora para dentro do helicóptero. Ela deitou no assoalho e chorava, balbuciando alguma coisa. Continuava apontando para a frente. Aproximei meu ouvido de sua boca para tentar entender o que ela dizia. A aeronave retornava para o campo de futebol. Eu tentava entender o que ela falava, mas era muito difícil, pois ela chorava muito e estava coberta de lama. Foi então que ouvi:

– Meu neto! Meu neto! Volta, meu neto tá lá! Eu não consegui segurar ele.

Quando me dei conta de que era um menino, já estávamos em solo. Várias pessoas se aproximavam para ajudar a tirá-la do Carcará. O sargento Ferreira se aproximou e pegou a vítima rapidamente, colocando-a em seus ombros. Então nos disse para fazer mais sobrevoos e tentar encontrar mais vítimas. Ele então saiu com aquela senhora sobre os ombros, agachado para não correr o risco de serem pegos pelas hélices. Fiquei reparando aquela cena, admirado com a força dele. Sair com aquela vítima sobre os ombros daquela forma não era para qualquer um.

Fizemos então o que o sargento falou, levantamos voo e continuamos a procurar sinais de vida no meio da lama. O delegado pediu ao piloto para voar o mais baixo possível, pois do alto era praticamente impossível identificar uma pessoa que estivesse coberta de lama. O delegado ainda tinha que ficar alerta para avisar o piloto sobre as fiações que estavam no nosso caminho. Fizemos vários sobrevoos naquele cenário de destruição. A cada momento algo nos impressionava mais, estávamos estarrecidos com a força daquele mar de lama. O poder de arrancar árvores, casas inteiras e praticamente destruir todo um vilarejo. A imensidão daquela lama assustava. Nenhuma das ocorrências que atendemos em toda a nossa carreira, envolvendo soterramento, sequer chegava perto daquele cenário.

Depois de algum tempo voando, notamos um grupo de pessoas acenando para nós. Eles estavam um pouco distantes de onde tínhamos feito o primeiro resgate. Estavam carregando uma senhora, em uma maca improvisada em pedaços de bambu amarrados com camisa, por uma trilha. A vítima parecia estar inconsciente, toda suja de lama. Então o piloto posicionou a aeronave e iniciou a descida. O delegado auxiliava o piloto, pois a visão nos comandos era totalmente limitada. Quando a aeronave começou a se aproximar do terreno, as pessoas que estavam com a vítima vinham em direção à aeronave. Doutor Ramon logo percebeu que teriam um grande problema e mandou o piloto arremeter. Como o terreno era íngreme, as hélices giravam muito próximas das cabeças das pessoas e poderiam feri-las. O delegado gesticulava para eles se afastarem, mas eles estavam afoitos e não entendiam. O piloto decidiu descer o mais distante deles para o delegado sair da aeronave e ir até onde estavam para orientá-los sobre como se aproximar. O doutor Ramon foi até eles, pegou a vítima com a ajuda de um rapaz e solicitou que os demais aguardassem ali. Aproximaram-se da aeronave com a cabeça baixa. O helicóptero mais uma vez estava a centímetros do terreno, no pairado, ou seja, os esquis não tocavam o solo. Os dois me entregaram aquela vítima desfalecida e nua, toda coberta de lama. Provavelmente a lama havia arrancado toda a sua roupa. Doutor Ramon subiu na aeronave e o piloto decolou rapidamente. Fiz uma avaliação rápida e constatei que a situação era péssima: se não transportássemos aquela senhora logo, ela iria morrer.

Retornamos ao campo de futebol, mas o piloto havia dito que não poderíamos fazer mais voos devido ao pôr do sol. O sargento Ferreira veio mais uma vez em direção ao helicóptero. Ele me ajudou a levá-la para dentro de uma das casas, onde a deixamos sobre um sofá, e, de repente, ouvi a voz do tenente Farah ao fundo. Não dava pra entender o que ele falava. Quando deitei a senhora no sofá, vi o tenente entrando na casa logo atrás de nós. Virei para ele e disse:

– O menino está lá, tenente. A gente tem que pegar ele.

– Lá onde, Magal?

– No mar de lama, tenente – disse apontando para o tsunami marrom que descia.

Fomos correndo em direção à aeronave, que ainda estava com o motor ligado. O tenente olhou para mim e disse:

– Você já conseguiu fazer uma vez. Vai lá e faz o seu melhor de novo.

Aquilo pareceu ter renovado todas as minhas energias, e entrei ainda mais confiante na aeronave.

O tenente insistiu com o doutor Ramon para que ele fizesse mais um voo, mesmo com condições visuais precárias.

Levantamos voo e fomos na direção do ponto onde havíamos resgatado aquela senhora. Mas parecia outro lugar, outro cenário. Já não tinha mais nada lá, os troncos de árvores tinham dado lugar a tratores, telhados de casas, tudo misturado na lama. O piloto resolveu então subir para ver se do alto conseguiríamos enxergar alguma coisa, para ampliar o campo de visão. Estávamos com as portas da aeronave abertas, eu em uma e o doutor Ramon em outra. Mas nenhum de nós via mais nada. Já estava escurecendo e o crepúsculo dificultava as buscas. Na verdade, já havíamos pousado no campo de futebol com o sol se pondo e naquele ponto a operação estava ultrapassando os limites de segurança. O piloto falou no rádio novamente, dessa vez realmente preocupado:

– Vamos ter que voltar. Já estou sem teto e ainda precisamos ir para Belo Horizonte. Não consigo enxergar mais nada.

Aquelas palavras foram duras demais. Tinha um garoto ali, em algum lugar naquela imensidão. Não conseguimos vê-lo, mas ele estava lá, sozinho, sendo arrastado. Eu não sabia quantos anos ele tinha, não sabia quem ele era, mas eu sabia que eu estava deixando ele ali. E não havia mais nada que eu pudesse fazer.

Quando a aeronave pousou novamente no campo de futebol, o helicóptero da Polícia Militar já estava decolando e o do Corpo de Bombeiros também estava iniciando os procedimentos para levantar voo.

Desci da aeronave e fui ao encontro do tenente Farah para lhe passar a situação. Ele estava conversando com o piloto do Arcanjo, o helicóptero do Corpo de Bombeiros, e parecia bastante preocupado. Vi que ele fez um gesto de arma com a mão, como se estivesse atirando. O piloto balançou a cabeça negativamente. Ele saiu e foi conversar com o doutor Ramon. Eu observava de longe, atento, sem saber como falar com ele que eu não tinha conseguido cumprir a missão. Ele fez o mesmo gesto para o doutor Ramon, que olhou para um observador aéreo da Polícia Civil que estava no helicóptero do Corpo de Bombeiros e parece ter pedido para ele permanecer junto aos bombeiros. Ele abriu o macacão, conferiu sua arma e fez um sinal de positivo. O tenente Farah virou para o capitão Luciano, que era o piloto da aeronave, e disse:

– Comando, não se esqueça da água! Se o senhor não trouxer água, vai dar merda! Enche o Arcanjo de água hoje e vem logo na primeira hora.

O capitão apertou a mão do tenente e disse:

– Eu preciso ir urgente. Confia em Deus que vai dar certo! Já está de noite, se eu não sair daqui agora, não consigo voltar amanhã.

Ele colocou a mão no ombro do tenente Farah e disse:

– As missões mais difíceis são para aqueles que estão mais bem preparados. Confio em você.

Ele voltou para a aeronave e decolou rapidamente.

O tenente Farah ficou acompanhando os helicópteros como quem via a esperança voar para longe.

Voltou seus olhares para aquilo tudo e me viu. Veio caminhando em minha direção esperando o que eu ia falar. Eu não queria dizer nada. Abaixei a cabeça e sussurrei:

– Não deu, tenente. O mar de lama levou.

CAPÍTULO 4

FORÇA, FOCO E FÉ, FARAH!

Eu não estava acreditando no tamanho daquela barragem.

Já haviam mandado no grupo do WhatsApp. Era no mínimo dez vezes maior que a barragem da Herculano. Ainda tinha o detalhe de haver outras barragens para baixo, e eu ainda não sabia se elas também tinham se rompido.

Assim que entrei no helicóptero, como de praxe em toda operação, anunciei ao comandante da aeronave quem eu era e qual era minha função.

– Boa tarde, comando! Sou o tenente Farah, comandante da Companhia de Busca e Salvamento.

A resposta veio mais do que rapidamente.

– Boa tarde, Farah. Major Chinelato, comandante do Pégasus 07. O copiloto é o capitão Vilas Boas. Você vai me passando as referências e o que você quer fazer.

– Sim, senhor. Se puder ir pegando informações da rádio aeronáutica, vai nos ajudar. Saber quais cidades foram atingidas e onde podemos pousar também são informações importantes.

O major chamou a torre de controle e avisou sobre nosso deslocamento para a região, solicitando as informações adicionais.

Eu gostava daquilo. Era fissurado em filmes de guerra, em operações especiais, e o que vivíamos no nosso batalhão era algo que dinheiro nenhum no mundo poderia comprar. Olhava o celular de minuto em minuto, tentando ver se chegava alguma mensagem com mais informações, mas estava sem sinal.

Olhei para os militares que estavam comigo e, independentemente de quem estivesse no helicóptero, eu sabia que estaria bem acompanhado. Tinha plena confiança em todos do nosso Pelotão de Busca e Salvamento e sabia que os militares ali sempre fariam o seu melhor.

Estávamos passando sobre a barragem da Herculano, onde um ano antes havíamos atuado.

O acidente com aquela barragem ocorreu próximo das minhas férias, fizemos de tudo para conseguir achar o último corpo antes que eu viajasse. Eu estava com passagens compradas, tentei remarcá-las para não abandonar a operação, mas não consegui. Tive que viajar com a cabeça na ocorrência.

O tempo todo olhava meu telefone celular para ver se o pessoal tinha alguma novidade sobre as buscas daquela operação, mas os dias passavam e eles não encontravam nada. Até o dia em que um geólogo, vendo o risco que estávamos correndo ao ficar trabalhando naquele local, fez um parecer sugerindo a interrupção imediata das buscas, uma vez que a qualquer momento outro deslizamento poderia ocorrer e soterrar toda a equipe de bombeiros que ali atuava.

Os militares ficaram com o moral baixo, já estavam havia mais de quinze dias no meio da lama. Eu sabia que estavam exaustos. Eu havia ficado por sete dias e já estava desgastado, imagine aqueles que se dedicaram por quinze. Algumas vezes Deus age de maneira providencial, pois eu conhecia minha tropa e sabia que eles jamais parariam enquanto não encontrassem aquele rapaz desaparecido. Mas quando as buscas foram encerradas, foi muito frustrante. Eu, que não estava lá, também me frustrei. Nós não deixávamos ninguém para trás, e uma pessoa ainda não havia sido encontrada, uma família estava sem a resposta de que precisava, não poderia enterrar seu ente querido, pois a ordem era clara: teríamos que parar com as buscas devido ao risco a que todos estávamos expostos.

Dois meses depois, um cachorro de estimação da mineradora começou a latir para o chão. Os funcionários, desconfiados, começaram a cavar. O cão cavava junto e continuava latindo em direção ao solo. Os funcionários decidiram chamar os bombeiros novamente e, assim, retomamos os trabalhos. O tenente Júlio coordenou essa operação e, para nossa surpresa, a dez metros de profundidade, encontramos o corpo.

O sentimento de dever cumprido era algo maravilhoso. Era muito triste para a família, mas também era um alívio. Eu estava estudando desastres havia muito tempo e em muitos deles, principalmente em grandes deslizamentos, eu via as pessoas serem dadas como desaparecidas. Querendo ou não, isso alimenta uma esperança na família. Juridicamente, alguém só é considerado morto se há um corpo, ou parte dele. Talvez pareça macabro falar dessa maneira, mas é isso que se encontra às vezes, só uma parte do corpo.

Para a família, é muito mais do que isso: enterrar um ente querido é lhe dar um fim digno. É encerrar o ciclo natural da vida, mesmo que a causa da morte possa não parecer natural.

Muitos nos perguntam se a gente acaba se acostumando com isso. Eu jamais me acostumaria com a morte. Morrer me parece algo tão fútil, ridículo. As pessoas fazem planos, programam viagens, têm filhos e esperam viver momentos fenomenais com eles, e, então, vem a morte. Sim, estou personificando, colocando a morte como uma senhora perversa que não quer saber dos seus planos, o que você tem para fazer hoje ou amanhã, se você programou ou não uma reconciliação com seu pai ou sua mãe. Ela não espera as decisões importantes da sua vida. Simplesmente chega na sua hora e te leva. Não há argumento que a faça desistir dessa missão. A morte é sempre o mesmo final, que pode ser contado sob perspectivas diferentes, alguns mais trágicos que outros. Um foi acidente de carro, outro foi afogado, outro foi carbonizado, enfim. Mas sempre acaba do mesmo jeito. É como se todas as nossas histórias já tivessem o mesmo final. E o que deixa a vida interessante é tudo aquilo que contamos antes, pois o final, todos já conhecemos.

Mas não, não é possível se acostumar. Eu aprendi a lidar com essas situações. Por várias vezes as pessoas depositam falsas esperanças em nós, os bombeiros. Pensam que vamos salvar alguém. Nós não salvamos ninguém. Simplesmente cruzamos o caminho de algumas pessoas para que elas tenham um motivo para acreditar que lhes foi dada mais uma chance de viver. Mas acredite, nunca é por nossa causa que uma pessoa vive um pouco mais. Se ela continua viva, é por ela mesma. É porque ela ainda tem algo para fazer em vida. E com aquelas pessoas que morreram na barragem da Herculano, não nos foi dado o direito de cruzar seu caminho. Simplesmente fizemos parte do fim.

À medida que nosso helicóptero avançava no horizonte, a tensão aumentava em todos nós. Peguei a câmera e o celular para filmar, pois as imagens poderiam nos ajudar a rever ambientes, avaliar processos e até realizar estudos posteriores com o intuito de evitar novas tragédias. Vi que o celular já estava com a bateria bastante baixa e decidi desligá-lo para poupar a carga, pois não sabia o que estava por vir. Alguns minutos se passavam e, sob o sol forte, começávamos a ver uma poeira densa no horizonte. Ainda era cedo para falar que se tratava de algo, mas já percebíamos que aquilo não era normal. Mais à frente víamos o Carcará, o helicóptero da Polícia Civil. Provavelmente ele chegaria alguns instantes antes da gente. Eu era competitivo nesse sentido, gostava de ser o primeiro a chegar e o último a sair de uma operação. Mas a experiência mostrava que não era eu que determinava quando isso iria acontecer.

Do alto da aeronave as referências eram bastante diferentes de quando estávamos em solo, mas consegui avistar o que parecia ser o pátio de uma empresa e uma grande barragem à frente coberta por uma nuvem de poeira. Forcei a vista e vi algumas pessoas acenando lá de baixo. Sim, estávamos no local certo pelo agitar de braços. Mais à frente conseguimos ver uma lama densa que descia como um tsunami.

Vimos que o Carcará começou a perder altitude, e, de repente, a nuvem de poeira engoliu o helicóptero. O Carcará estava caindo!

Eu não podia acreditar naquilo. O helicóptero de resgate voava até lá para ajudar as pessoas, e algo que a gente nunca espera estava acontecendo: ele estava caindo. Os militares da nossa equipe poderiam se ferir na queda da aeronave, pensando na melhor das hipóteses. Mas, segundos depois, o helicóptero retomou a altitude e saiu da nuvem de poeira. O major Chinelato disse no fone:

– Pelo visto nós vamos pegar *rabo* nesse local.

"Rabo" era sinônimo de algo terrível. Sim, eu sabia que seria terrível, mas não imaginava que seria nesse nível. Veio o aviso do Carcará para que tomássemos cuidado com a baixa altitude, pois eles quase tinham caído. Mal deu tempo de nos recompormos daquele susto e logo veio uma imagem que eu jamais vou esquecer: era um verdadeiro mar de lama.

O que eu via era inexplicável. Na imensidão daquela poeira, surgiu um vale preenchido de rejeitos e, com ele, um cheiro muito intenso. Pensei logo – é rejeito tóxico, o que vamos fazer?

– Olha o cheiro do rejeito! Está muito forte! – eu disse para os outros na aeronave.

Eu não sabia se eles tinham a mesma noção que eu de como aquilo poderia atrapalhar a nossa operação. Dependendo do rejeito, não poderíamos nem pensar em chegar perto daquela lama.

Seguíamos o fluxo para ver o que encontraríamos mais abaixo, e o que vimos não foi nada agradável. Uma cidade debaixo da lama. Na parte alta, havia poucas casas. Mas na parte baixa, apenas telhados. Não pude guardar meu pensamento pra mim:

– Morreu gente demais, meu Deus.

Esse pensamento veio acompanhando de um sonoro:

– Puta que pariu! Que merda que deu aqui! – soltou o major Chinelato. – Isso parece coisa de filme. Isso é um desastre, velho! Como vocês vão fazer?

Eu sabia que ele não queria uma resposta para aquela pergunta, mas ela realmente me incomodou. O que iríamos fazer? Eu não sabia. Era muita coisa. Levaria dias, meses. E olha que eu ainda não fazia a mínima ideia do que estava por baixo daquela lama.

Eu via carros, muitos mesmo, e telhados inteiros sendo carregados. Estávamos voando em baixa altitude e, por isso, o major deu um alerta ao Carcará para que tomassem cuidado com o Pégasus em voo baixo. Consegui avistar um campo de futebol ao lado de um ginásio, parecia ser um bom local para pousarmos. No solo, várias pessoas agitavam os braços chamando o helicóptero. O major disse:

– Estou querendo seguir esse lamaçal aqui. O que vocês acham?

– Pode seguir, major. Eu preciso ver o que tem aí pra baixo. Falaram que são barragens em cascata e que pode ter barragem aí pra frente. Eu preciso ver como está isso aí – respondi imediatamente, pois precisávamos seguir em frente.

Fomos seguindo o fluxo de lama, mas por vezes fazíamos um "pairado" em algumas estruturas para ver se conseguíamos avistar algum sinal de vida, pois as casas estavam sendo arrastadas por inteiro. A força da lama era tão grande que mesmo de dentro do helicóptero dava para ouvir o barulho das árvores sendo arrancadas, eucaliptos inteiros sendo carregados. Nós seguíamos em frente, e por onde passávamos o rastro de destruição era impressionante. Não havia nada que ficasse de pé com a força daquele tsunami. O helicóptero ganhava velocidade e o copiloto avisou:

– Temos pouco tempo de voo. O sol já está se pondo.

Não haveria muita coisa para fazer com a aeronave, já que as operações de resgate sem a luz do sol são muito perigosas, praticamente suicidas. Foi quando conseguimos passar à frente da lama.

Conseguimos ver ainda melhor a força com que ela vinha arrastando tudo e como aquele rio se formava. O major decidiu ir só mais um pouco à frente.

– Vou seguir um pouco mais à frente e já temos que voltar por causa do pôr do sol.

Quando ele terminou de completar a frase, eu vi mais uma cidade e disse:

– Comando, olha lá. Às 2 horas!

Era uma pequena cidade, e as pessoas se agrupavam agora no campo de futebol, acenando. Será que elas estavam precisando de socorro? Será que estavam nos chamando para ajudá-las a sair dali? O major então começou a se aproximar, a descer cada vez mais com a aeronave, e foi então que me dei conta de algo terrível. Eram várias crianças brincando, rindo, dando tchau para o helicóptero. Elas não faziam a mínima ideia do que estava prestes a acontecer com elas.

– Major, elas estão rindo, dando tchau! Elas não sabem que a barragem rompeu!

– A gente tem que descer – veio o alerta de alguém de dentro da aeronave.

– Mas será que dá tempo de a gente avisar? – questionou o co-piloto.

– A lama está logo atrás da gente – alguém disse, para que não esquecêssemos o estrago que ela estava provocando.

– A gente tem que descer. A gente tem que avisar – falei.

– Velho, vai dar merda, é muito arriscado. Eu não posso tomar essa decisão sozinho. Isso tem que ser uma decisão colegiada. A gente pode...

O major não precisou completar a frase para que todos nós entendêssemos o que poderia acontecer conosco. Na aeronave, a decisão é do comandante. Se ele decidisse que não pousaria naquele ponto, a decisão estaria tomada, da mesma maneira que se ele decidisse pousar, ele pousaria. Na verdade, o major já estava decidido a pousar, estava decidido a arriscar a vida dele por aquelas pessoas, mas ele não podia decidir se arriscaria as nossas vidas. O que ele queria ouvir era se estávamos preparados para morrer. Se estávamos prontos para dar as nossas vidas para salvar a vida daquelas pessoas lá embaixo.

Pensei no juramento que fizemos quando nos formamos: "Mesmo com o sacrifício da própria vida".

E mais do que depressa eu disse:
– A gente tem que descer! A gente precisa descer!
Olhei para a minha equipe e já sabia que todos estavam comigo.
O major olhou para o capitão, que também fez um sinal de aprovação. E disse:
– Foda-se! Vamos descer. Lembrando que essa foi uma decisão colegiada! – disse o major, em tom de brincadeira.
Aquilo soou como uma despedida. Eu sempre pensei que morrer salvando a vida de outras pessoas era algo realmente nobre, só não pensei que seria assim comigo. Será que era esse o meu propósito? Então eu cumpriria a promessa feita no nosso juramento? "Mesmo com o sacrifício da própria vida."
Na parte de trás do helicóptero, após a tomada de decisão, começamos a retirar os fones, arrumar os equipamentos e nos preparar para o desembarque. Peguei meu terço no bolso e dei duas voltas na mão, agradeci a Deus por me dar essa oportunidade e pedi que Ele me iluminasse na minha decisão.
Mentalmente, eu já havia programado o que fazer. Assim que o major autorizasse o desembarque eu iria dividir a equipe. Sairíamos avisando o maior número de pessoas, tentando levá-las para o ponto mais alto da cidade. O major ficaria na aeronave com o motor ligado

para que, se tudo desse certo, nós saíssemos o mais rápido possível sem que a lama nos atingisse. Isso se tivéssemos sorte.

Provavelmente o capitão ficaria na parte de trás protegendo o rotor de cauda, pois, como havia muitas crianças ali, a chance de alguém se acidentar era enorme. A aeronave foi baixando, e as crianças riam e pulavam de felicidade. Afinal, nunca deviam ter visto um helicóptero de tão perto.

Assim que o esqui tocou o solo, abrimos as portas, o capitão fez um sinal para que aguardássemos e então... Não acreditei! O major Chinelato cortou o motor. Como assim? Se a gente já estava na merda, agora estávamos totalmente afundados nela. Ele havia desligado a aeronave! Agora é que não ia dar tempo mesmo...

– O senhor vai descer?

Eu obtive minha resposta imediatamente quando ele desceu da aeronave.

Foi então que entendi a decisão que ele havia tomado: éramos apenas quatro bombeiros, não ia dar tempo de avisar a todos se fôssemos só os quatro. Ele e o capitão Vilas Boas haviam decidido nos ajudar a evacuar a cidade. Naquela altura já não havia mais nada para planejar: precisávamos avisar o maior número de pessoas possível. Saímos correndo do meio do campo até o gol com o major gritando para nós:

– Só dez minutos em solo! Só dez minutos em solo!

Descemos da aeronave em direção ao alambrado do campo de futebol, onde todas as crianças se agrupavam e alguns adultos bebiam na praça. Fomos correndo até lá, quando ouvi uma garotinha dizer:

– É o bombeiro, mamãe!

– Corre que a barragem rompeu! – gritou o major!

Aquele alerta fez todos pararem o que estavam fazendo e, por alguns instantes, instaurou-se um certo silêncio.

O sorriso no rosto deles logo se transformou em pavor. Foi como se tudo congelasse imediatamente. Vimos que ninguém ali acreditava na notícia que estávamos trazendo. Então as crianças começaram a chorar, a correr em busca de seus pais. Apitávamos e gritávamos para todos saírem de lá. Eu avistei um morro próximo dali. Ironicamente, o local mais alto da cidade era um cemitério. Gritei:

– Todo mundo corre pro cemitério! Corre que a barragem rompeu! Anda, gente, nós só temos dez minutos. Dez minutos!

Quando olhei para o lado, vi o Faria e o Henrique arrombando as portas das casas e tirando as pessoas à força, porque não dava tempo de explicar, só dava tempo de correr. Um senhor passou de carro e começamos a colocar o máximo possível de pessoas dentro do veículo. Outro subiu de moto com a mulher e os dois filhos. E, no meio daquela multidão, vi uma menina que devia ter uns 3 anos e chorava muito, olhava para o alto como que procurando alguém, seus pais, mas não encontrava ninguém. Ela não sabia o que fazer. Do meu outro lado, uma senhora que mal conseguia andar.

Olhei para o Lopes e percebi que ele tinha visto a mesma cena. Corri e peguei a menina no colo e o Lopes amparou a senhora. Começamos a subir o morro levando as duas. As pessoas corriam ao nosso lado, chorando, estarrecidas. Quando cheguei ao alto do cemitério, vi no horizonte a nuvem de poeira subindo e percebi que não daria tempo. Desci o morro enquanto os outros ainda retiravam as pessoas de dentro das casas. O capitão Vilas Boas gritou:

– Farah, a lama está vindo!

O major Chinelato também viu que não daria tempo e disse:

– Irmão, fica aí com essas pessoas que nós vamos tentar sair.

Eu sabia que se ficasse com aquelas pessoas no alto do morro eu estaria a salvo com minha guarnição, mas nós havíamos tomado uma decisão em conjunto e eu jamais abandonaria o pessoal em uma missão.

As pessoas continuavam subindo para o alto do morro enquanto, inesperadamente, nós íamos ao encontro do tsunami de lama.

– De jeito nenhum, vamos todos juntos – eu disse para o major.

Comecei a correr, correr e gritar. Parecia que eu não ouvia nada à minha volta, só o esforço da minha respiração ofegante e o som abafado da minha própria voz mandando todo mundo correr.

Então fizemos o caminho inverso, pulando novamente o alambrado.

O major entrou junto com o capitão na aeronave e deu a partida. O medo de que aquele motor pudesse não ligar tomou conta de mim. Coloquei o fone e vi que, ao meu lado, os dois sargentos, Lopes e Faria, além do cabo Henrique, já estavam acomodados.

Olhei para a cauda da aeronave para verificar se a traseira estava livre para o comandante deixar o solo, mas a imagem da nuvem de pó crescendo no horizonte me assustou. Não ia dar tempo, parecia que estava logo ali, atrás da gente.

– Livre! – avisei ao major, para que soubesse que estávamos prontos.

Olhei para trás novamente e vi a nuvem aumentando. Apertei com mais força o terço, agradecendo a Deus por tudo. Nunca vi pás de helicóptero girando tão devagar na minha vida, na minha cabeça aquilo durou uma eternidade. Não ia dar tempo. Mas tínhamos feito o nosso dever. Mais uma volta na mão e o terço se espremia entre meus dedos. Então, senti o helicóptero levantando do chão.

Não dava para acreditar. O helicóptero estava no ar, e parecia que o medo havia feito com que o major subisse o mais alto que pôde. Senti o giro da aeronave na direção contrária do fluxo de lama e, quando tomávamos o rumo de volta àquela primeira cidade que já estava debaixo da lama, vimos o tsunami passar reto na última curva do rio antes da cidade de que acabávamos de decolar, arrancando todas as árvores do caminho. Não dava para comemorar o que havíamos feito, afinal a gente não sabia se tinha conseguido avisar a todos. Será que havia outras garotinhas como aquela, sozinhas em alguma casa? Que cidade era aquela? A gente tinha que voltar lá, a gente tinha que mandar alguém até lá.

– Alguém sabe o nome daquela cidade? – perguntei sem acreditar que alguém saberia.

– Paracatu de Baixo, é um distrito! – disse o major Chinelato.

– Será que a gente conseguiu... – e, sem deixar Faria completar a frase, eu respondi:

– Nós fizemos tudo que podíamos fazer! Nós fizemos tudo o que foi possível!

Um alerta foi dado no rádio aeronáutico nesse momento.

– Atenção às aeronaves que sobrevoam a região da mineradora Samarco. A barragem de Germano está na iminência de romper! Toda a área deve ser evacuada. A barragem de Germano está na iminência de romper e toda a área deve ser evacuada.

– Pégasus 07 copiou. Acabamos de sair de Paracatu de Baixo e estamos de retorno – respondeu o capitão Vilas Boas no rádio.

– Farah, eu não tenho nem vinte minutos de voo, vamos ter que vazar – disse o major Chinelato, já prevendo que voaria sem a luz do sol na volta.

– Sem estresse, comando. O senhor me deixa naquela outra cidade para eu ficar com a equipe e ver o que dá pra fazer.

– Você está de sacanagem, né, cara?! Não ouviu que a outra barragem vai romper? Você esqueceu que a gente quase morreu ali atrás? Na guerra não tem *"continue"* no final do jogo, garoto. É *game over*, o jogo acaba!

– Eu não posso deixar aquelas pessoas lá não, major. A gente tem que fazer alguma coisa.

Ele não disse mais nada. Sei que o major não concordava, mas olhei para os militares que estavam comigo e todos eles balançaram a cabeça em sinal de apoio à minha decisão. A gente não podia simplesmente voltar e deixar todo mundo lá, ainda mais com outra barragem na iminência de romper.

Estávamos nos aproximando daquela pequena cidade e o Carcará não estava lá, mas eu podia ver alguns bombeiros lá embaixo. O Pégasus aterrissou e, assim que desci da aeronave, o cabo Menon veio me avisar:

– Tem uma mulher com a perna quebrada. Tem que levar para o hospital, tenente!

– Major, preciso levar uma mulher pro hospital. Será que o senhor consegue dar uma pernada com ela? – perguntei, já sabendo que mesmo sem sol ele não negaria.

– Tem que ser agora! – ele respondeu, já preparando a aeronave para o transporte aeromédico.

– Vai lá, pega a vítima e coloca imediatamente no Pégasus – disse ao Menon, ao mesmo tempo em que apontava para o céu, para que ele visse que estávamos ficando sem luz do sol.

Atrás de nós estava chegando o Arcanjo, o helicóptero do Corpo de Bombeiros. De dentro dele saíram Abel, Carraro e dois observadores aéreos. O piloto era o capitão Luciano, que tinha sido meu chefe no curso de formação de oficiais, um cara muito bacana e sempre preocupado em ajudar a todos.

Enquanto esperava a tripulação do Arcanjo descer, eu procurava o restante da guarnição que tinha vindo no Carcará. Vi que o Magela havia saído com o Menon para pegar a senhora, mas onde estavam o Magalhães e o Ferreira?

– Alguém viu o Magal e o Ferreira aí? – perguntei, com a intenção de localizar minha equipe.

– Ferreirinha está vindo aí, comando – respondeu Lopes.

– E aí, Ferreira? Passa uma parcial.

– Senhor tenente, deu bosta. Não tem luz, não tem água, um monte de gente desaparecida, e o que o senhor está vendo de casa em pé é mais ou menos 20% da cidade. O resto está debaixo da lama.

Não havia cenário pior. As pessoas começavam a se aglomerar em volta de nós, falando e gritando sem parar. Apontavam aleatoriamente, tentando me explicar o que havia acontecido. Eram muitas vozes, mas eu não conseguia ouvir nenhuma, tentava organizar as ideias na minha cabeça e decidir o que fazer.

– Cadê o Magal, Ferreira? – perguntei novamente, preocupado em reunir toda a equipe.

– Está lá no Carcará. Tinha uma mulher e um menino sendo arrastados, eles foram lá tentar resgatar – disse o Ferreira, apontando para o local onde a aeronave estava. – Conseguiram pegar uma já. Foram lá ver se conseguem achar mais pessoas.

Olhei para onde ele apontou e vi o Carcará voando rente à lama, muito baixo mesmo, como se quisesse pousar no "rio".

Voltei meus olhos para o Ferreira e ele disse:

– Morreu gente demais, senhor tenente. Morreu gente demais.

O Menon e o Magela chegaram com a mulher no colo e a colocaram no Pégasus. O major Chinelato veio em minha direção e perguntou:

– Você tem certeza que vai ficar aqui, guerreiro?

– Preciso ficar, major! Obrigado por tudo. Não sei como agradecer.

Ele me interrompeu imediatamente:

– A gente ainda vai se encontrar aqui.

Prestei continência ao major como forma de respeito e agradecimento por tudo que ele já havia feito. Ele correspondeu e, quando já ia saindo, eu disse:

– Major, tenta saber sobre Paracatu de Baixo, se alguém...

– Pode deixar, Farah. A gente fez o que pôde.

Nesse momento o Carcará pousava no campo e vimos que trazia uma mulher. O Ferreira foi em direção à aeronave para ajudar o Magalhães. Pegaram a mulher no colo e a levaram para dentro de uma das casas que restou no local. Fui atrás deles:

– Coloca no sofá! Coloca no sofá!

– Precisa levar para o hospital, tenente. E tem que ser de aeronave. Carro não chega aqui. Trator não chega aqui. Estamos ilhados! A lama tomou conta de tudo. Tem que levar urgente. Ela está mal – Ferreira disse, preocupado com o estado da vítima.

– Então tem que voltar com ela para a aeronave.

Magalhães me procurou e disse:

– Tem um menino lá ainda, tenente!

– Lá onde, Magal?

– No mar de lama, tenente – disse, apontando para o tsunami de rejeitos que descia.

Saímos correndo em direção ao local onde as aeronaves estavam e, por sorte, o Carcará ainda estava girando motor.

Virei para o Magal e disse:

– Você já conseguiu uma vez. Vai lá e faz o seu melhor de novo.

Ele não titubeou. Embarcou novamente na aeronave.

Vi que o doutor Ramon estava lá e pedi que ele fizesse mais um voo, já havíamos participado de várias operações conjuntas. Fiz um sinal de positivo e ele decolou.

Quando retornei para o local que seria a nossa ZPH (Zona de Pouso de Helicóptero), encontrei o capitão Luciano. Ele me viu e perguntou:

– Do que você vai precisar, Farah?

– Capitão, de tudo, a cidade está toda destruída. Só 20% das casas ficaram de pé. Não faço a mínima ideia. Tenho que fazer um levantamento rápido.

Me afastei do capitão e fui em direção a um grupo de moradores que se aglomerava e gritava com a gente.

Quando cheguei perto deles, percebi que não estavam com ar de amizade:

– Os helicópteros vão voltar?

– Como vocês vão tirar a gente daqui?

– Ô, bombeiro, vocês vão deixar a gente morrer aqui?

Ouvíamos isso e mais alguns xingamentos. O clima era de muita tensão.

– Por que vocês não desceram aqui quando chegaram? – disse um senhor mais velho. – Eu estava acenando pra vocês!

– Você tem noção de que tem um monte de gente desaparecida? Por que vocês demoraram tanto? – disse outro morador mais alto, com uma foice em mãos. – Se algum funcionário dessa mineradora aparecer aqui, ele vai ver só!

Foi então que percebi que a população estava revoltada com a gente. Nós fomos os primeiros a chegar ali. Estava tudo isolado, a equipe de Ouro Preto do tenente Júlio César estava de carro, não havia como passar. Eles não sabiam que nós estávamos vindo de Belo Horizonte, a cerca de 150 quilômetros dali.

Os ânimos estavam bastante exaltados, e fui sendo cercado por vários moradores. Comecei a dar alguns passos para trás, pois percebi que a situação estava ficando complicada. Mas logo o Magela, o Lopes e o Ferreira chegaram. Eu tinha que tomar uma postura mais firme, senão perderia o controle da situação.

– Olha aqui, nós acabamos de voltar de Paracatu de Baixo, tentando evacuar a cidade inteira. Nós não viemos aqui brincar de bombeiro, não! Viemos aqui para ajudar vocês. Estou disposto a morrer para ajudar vocês. E vocês, estão dispostos a calar a boca e me ajudar?

Eu jamais falaria aquilo em uma situação normal, mas precisava me impor. Eu tinha que mostrar para eles que, com aquela atitude de desespero, eles iriam nos perder. Peguei na mão do rapaz que estava com a foice e disse:

– Eu preciso da sua ajuda. Se vocês não me ajudarem, eu não vou conseguir cumprir minha missão.

– Mas vocês demoraram demais! Tem um monte de pessoa desaparecida aqui!

– Olha aqui, meu irmão, se você me ajudar, eu te prometo que só vou embora na hora que tirar todo mundo daqui!

Naquele momento eles perceberam que, assim como eles precisavam de mim, eu precisava deles. E não adiantava ficar revoltado. O senhor mais velho tomou a frente e disse.

– Nós precisamos da sua ajuda sim, senhor.

Era estranho para mim um senhor de quase 60 anos *me* chamando de senhor, mas isso era muito comum entre pessoas de mais idade.

– É que a gente tá desesperado, tem muita gente sumida. A gente tá sem água e sem comida – ele complementou.

– Quantas pessoas tem aqui? – perguntei para ter uma estimativa.

– São 550 mais ou menos. Aqui tinha 188 casas, senhor, e agora deve ter só umas 30.

– Como o senhor sabe disso?

– Eu sou o líder comunitário do Bento. Meu nome é Zezinho.

– Muito obrigado, seu Zezinho. Não sai daqui não, que eu vou precisar da ajuda do senhor. Qual é o nome daqui mesmo?

– Bento. Bento Rodrigues. É um distrito.

– Obrigado, seu Zezinho. O senhor me indica um representante da cidade? Pode ser até o senhor mesmo. Só vou conversar com o representante, e o resto aguarda.

Fui até o capitão Luciano e retomei a pergunta dele:

– Vamos precisar de tudo, comando. Pelo que eu levantei, o pessoal já está sem água e vai faltar comida, mas ainda não se deu conta disso por causa dessa confusão toda.

Ouvi mais uma aeronave se aproximando. Era o Carcará, e de dentro dele saiu o Magalhães, cabisbaixo. Pelo jeito não tinham achado o menino. Voltei a falar com o capitão.

– Avisaram via rádio que a outra barragem está na iminência de romper. Eu vou ficar. Tenho certeza que o pessoal vai ficar comigo. Mas preciso de uma... – Fiz um gesto para ele indicando uma arma.

– Pra quê? Você está doido?

Eu já tinha passado por uma experiência parecida.

Em 2012, viajamos para uma cidade e ficamos três dias isolados. A água acabou, pois as fortes chuvas tinham derrubado as duas pontes que davam acesso à cidade. No terceiro dia, a população avançou sobre nosso carro para saquear a água. A sorte foi que, para essas viagens, um militar sempre andava armado. Ele deu um tiro para o alto e afastou a população. Nós carregávamos o nosso próprio material de subsistência quando saíamos para uma operação. Nosso carro levava comida, água e todos os equipamentos necessários. Só que dessa vez era diferente, nós fomos de aeronave, cada bombeiro não teria mais que um cantil de reserva.

– Quando eles ficarem ainda mais desesperados e perceberem que não têm mais nada, nem água, contra quem o senhor acha que eles podem se revoltar?

O capitão percebeu a gravidade da situação. Então, fui conversar com o doutor Ramon.

– Comando, a situação aqui é extrema. Vou precisar de uma... – Fiz o gesto novamente. O doutor Ramon olhou para o observador aéreo da Polícia Civil e o chamou.

– Marçal, este aqui é o tenente Farah, ele é meu amigo. Preciso que você fique aqui e cuide da segurança do pessoal. Você está armado?

Marçal abriu o macacão, exibindo a arma e balançando a cabeça positivamente.

Fui então avisar o capitão Luciano, que já estava entrando no helicóptero, pois já não tínhamos mais sol e havia somente um pouco de claridade.

– Comando, não esquece da água! Se o senhor não trouxer água, vai dar merda! Enche o Arcanjo de água hoje e vem amanhã logo na primeira hora.

Ele apertou minha mão dizendo que precisava ir com urgência. Colocou a mão no meu ombro e disse:

– As missões mais difíceis para aqueles que estão mais bem pre-parados. Confio em você.

Ele já havia me dito essa mesma frase quando eu me machuquei durante o curso de oficiais. Torci o pé e rompi todos os ligamentos no treinamento inicial. Eu já estava pensando em desistir quando ele me deu essa injeção de ânimo e esperança.

Vi as aeronaves partindo e pensei que não poderia contar com elas no dia seguinte. Os militares só levantariam voo da capital depois do nascer do sol. Até realizarem o *briefing* de voo, repassarem o que deveria ser feito, decidirem quem iria na aeronave... Eles só estariam lá depois das 9 da manhã, no mínimo, e com uma grande possibilidade de não trazerem a água que eu tinha pedido.

Retomei meu olhar para a equipe e vi o Magal. Ele abaixou a cabeça e disse algo baixinho para si mesmo. Eu nunca soube o que ele falou. Só sei que aquilo o matou por dentro.

Levantei a mão, fiz o sinal de círculo no alto para que todos da equipe se reunissem e dei cinco silvos no apito.

Nós já tínhamos sinais padronizados para as operações.

Um silvo longo: todos paravam o que estivessem fazendo e voltavam a atenção para quem tinha apitado.

Dois silvos longos: todos deveriam retomar o que estivesse sendo feito ou fazer algo que havíamos combinado previamente.

Três silvos intermitentes ou mais: deveríamos abandonar a zona quente, o local afetado, e ir para a zona de segurança.

Cinco silvos longos: todos tinham que se reunir.

Tirei meu capacete, deixei-o no chão e fui correndo até o seu Zezinho. Puxei-o para longe de todas as pessoas e lhe perguntei:

— O senhor conhece bem essas barragens?

— Conheço sim, tenente.

— Essa barragem que rompeu... — mal terminei de falar e ele já foi dizendo:

— Foi Fundão que estourou. Abaixo dela tem a barragem de Santarém, mas pelo tanto de água que desceu, ela caiu também.

— Mas eles estão falando que tem outra. Germano.

— Ah! Mas não aconteceu nada com Germano, não.

— Como o senhor sabe disso?

— Se tivesse acontecido alguma coisa com Germano, tenente, a gente não ia tá aqui pra conversar, não.

— Ela é tão grande assim?

— Se juntar as outras duas, não dá nem a metade dela.

— Muito obrigado, seu Zezinho.

Aquilo realmente me deixou preocupado. Estávamos abaixo de uma barragem gigantesca, prestes a se romper a qualquer momento. E, se rompesse, mataria mais de quinhentas pessoas, inclusive nós, que estávamos lá para ajudar. Eu tinha que falar com o pessoal, eu não tinha o direito de esconder isso deles, pois se alguém quisesse desistir e dar um jeito de ir embora, aquele era o momento.

— Pessoal, serei bem direto. Parece que eram três barragens, duas romperam. Uma está na iminência de romper e, pelo que passaram via rádio, pode ser a qualquer momento.

— Qual vai ser a nossa rota de fuga, comando? — perguntou o sargento Ferreira, já preocupado com o que viria a acontecer.

— Infelizmente, pelo tamanho da barragem, a gente não vai ter rota de fuga.

Naquela hora todos perceberam a gravidade da situação. Eles estavam acostumados a me ouvir dar soluções para os nossos problemas, só que eu não tinha solução. Não naquela hora.

— Nós temos que dar um jeito de tirar todo mundo daqui. Eu ainda não sei como, mas vou dar um jeito. Também estamos correndo um risco iminente de morrer e não posso obrigar ninguém a ficar. Eu só saio daqui na hora que tirar o último morador dessa cidade. Quem não quiser, pode ir. A situação é realmente muito séria.

— Ninguém vai embora não, comando. A gente vai ficar junto com o senhor. — O Ferreirinha era impulsivo e não admitia "arregar" para nenhuma situação.

– Ferreira, estou falando muito sério, se essa barragem romper, talvez não dê tempo nem de rezar.

Olhei para todos e vi o Faria tirando o capacete da cabeça:

– Então nós vamos rezar agora – ele disse enquanto colocava o capacete no chão. – Mas estamos todos juntos com o senhor.

Um a um, eles foram tirando os capacetes e abrindo um círculo.

Aqueles caras eram foda! Eles não desistiriam. Eu até entendo que, ao contrário de mim, eles não tinham noção do perigo ao qual estávamos expostos, mas mesmo que tivessem, eles não desistiriam, não deixariam ninguém pra trás. Era assim que eu os havia treinado, para não desistir, e assim seria feito.

Nos demos as mãos. Fechei os olhos e resolvi fazer a oração.

Saiu uma prece em tom de despedida, pedindo a Deus que iluminasse nossos pensamentos para termos serenidade nas nossas decisões, de modo que estávamos entregando nossas vidas a Ele, e que Ele pudesse nos usar, como instrumentos de sua vontade, para tirar aquelas pessoas de lá. Não havia muito o que pedir. Na verdade, o momento era de agradecer por tudo que tínhamos vivido até ali, já que, sinceramente, só sairíamos de lá se Ele realmente permitisse. Aquilo ali já não estava apenas sob nosso controle, não havia como estabilizar emergencialmente uma barragem. Só poderíamos correr. Mas correr para onde?

À oração se seguiu um Pai Nosso, e então finalizamos.

Olhei para o céu, que já estava escuro. Uma gota d'água caiu na minha testa. Começava a chover, e a operação, que já era difícil, ia se complicar um pouco mais. Olhei novamente para o céu, agora com meu terço na mão. Respirei fundo e pensei: "Força, foco e fé, Farah".

Farah, ainda soldado, participando do treinamento no curso de salvamento em alturas dos Bombeiros, em 2006.

Tenente Farah durante um dos treinamentos no curso de busca e resgate em estruturas colapsadas, realizado em Brasília.

Ocasião em que o então tenente Farah realizou uma palestra no seminário Brasil-Japão, na qual foram abordadas as operações de buscas em Mariana. Em 2017, Farah fez um curso de gestão em desastres naquele país.

Curso de Soterramento, Enchente e Inundações (CSSEI), coordenado por Farah. Na foto ele faz com que os alunos se sintam o mais próximo possível no lugar da vítima de uma ocorrência real.

Prova do CSSEI em que os alunos precisam resgatar bonecos que representam vítimas soterradas.

Militares descansando da forma que era possível, até mesmo com a cabeça apoiada sobre uma panela, durante os exaustivos treinamentos do CSSEI em 2012.

Prova do CSSEI com simulação de chuva. O sino deve ser tocado pelo aluno que deseja desistir do curso.

Primeiras imagens captadas por Farah em sobrevoo de helicóptero pelo distrito de Bento Rodrigues, ao chegarem ao local da tragédia.

Vista aérea do curso da lama ao retornarem para Bento Rodrigues após a evacuação de Paracatu de Baixo.

Tenente Tiago segurando o cão que conseguiu resgatar da lama juntamente com o sargento Mendes.

Trator que foi utilizado para abrir um acesso para o distrito de Bento Rodrigues durante a primeira noite da operação.

Posto de Comando improvisado por Farah no primeiro dia de operações em Bento Rodrigues.

Tenente Tiago (à esquerda) e sargento Gil (à direita) descansando no chão do "Posto de Comando" na manhã seguinte ao rompimento da barragem, após terem aberto um acesso para evacuar os moradores de Bento Rodrigues durante a madrugada.

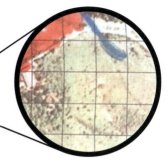

Mapa das buscas com a indicação da mancha do copo de café utilizado por Farah, que acabou auxiliando os bombeiros na localização do menino Thiago.

Bombeiros encontraram muita dificuldade para se locomover durante as buscas.

Parte das buscas era realizada na água barrenta e nas margens do rio de lama.

Muitas vezes também era necessário rastejar sobre a lama.

Bastões ajudavam a verificar a consistência e a profundidade do solo, bem como nas buscas por algo que estivesse soterrado.

Visita do tenente Farah a Bento Rodrigues três meses após o desastre de Mariana, durante a gravação de um documentário.

Uma grande área ficou devastada e abandonada após a passagem da lama. Ao fundo é possível ver o "Pedrão", aonde o líder comunitário seu Zezinho levou o tenente Farah e o sargento Lopes em busca de sinal para o celular rural, já que todas as outras linhas de comunicação haviam sido interrompidas.

Diversas ruas e casas permaneciam cobertas de lama.

O rastro de destruição e abandono por onde a lama passou.

Algumas residências foram invadidas por carros e outros destroços.

Em Bento Rodrigues, apenas cerca de 20% das casas resistiram à força da lama.

Em muitos lugares ainda era possível comprovar a fé daqueles moradores.

Tudo que estava no caminho da lama era carregado por ela.

Uma sala de aula, onde o futuro era sonhado, agora em ruínas.

Bicicleta encontrada próxima à casa do menino Thiago.

Terço encontrado pelo tenente Farah nas buscas em Bento Rodrigues. Ele o carrega consigo quando está em serviço até hoje.

A saudade registrada numa das paredes manchadas pela lama.

Parte da equipe do BEMAD. Em pé: cabo Assunção, sargento Babeto, cabo Magalhães, sargento Magela, tenente Tiago, soldado Carraro, sargento Quintino, sargento Gil, cabo André. Agachados: tenente Farah, sargento Selmo, sargento Kleber, sargento Ferreira, sargento Lopes e tenente Júlio César (Ouro Preto).

Medalhas e pingentes que o tenente Farah usava em sua farda durante os plantões operacionais.

CAPÍTULO 5

DO OUTRO LADO

(TENENTE TIAGO)

Eu estava indo de viatura porque o tenente Farah assim tinha ordenado. Por mim, aguardaria no pelotão, esperando o helicóptero chegar. Estava de comandante de área naquele dia. Na verdade, o nosso batalhão não tinha área definida de atuação. Poderíamos nos deslocar para qualquer lugar de Minas, de acordo com a determinação do comandante do batalhão. A região de Ouro Preto e de Mariana não se encontrava sob nossa responsabilidade, mas como se tratava de uma ocorrência típica de desastre, o coronel decidiu nos mandar para lá. Falei com o sargento Mendes:

– Toca a viatura o mais rápido possível pra lá.

– Sim senhor, tenente.

Mendes não era de muitas palavras. Era bastante calado e acredito que estava assustado com toda aquela movimentação. Confesso que eu também estava, seria minha primeira grande operação. Já tinha participado de outras ocorrências complexas, mas nada como aquela. O tenente Farah, desde 2011, havia participado de praticamente todas, o que conferia a ele uma experiência quase única. Ele era o militar mais experiente entre todos nós.

Já tinha ouvido muitas histórias a respeito do tenente Farah nas operações, principalmente sobre sua impressionante capacidade de liderar a tropa.

Dizem que na operação da região serrana do Rio, quando falaram para ele que demorariam mais de um mês para encontrar todas as pessoas desaparecidas, ele assumiu com o comandante do batalhão, tenente-coronel Albucacys, o compromisso de encontrar todo mundo em menos de um mês. Mas, para isso, teriam que fazer coisas que até então não estavam no protocolo.

Parece que, em sete dias, o tenente Farah, sua equipe e os militares do CBMERJ (Corpo de Bombeiros Militar do Estado do Rio de Janeiro) encontraram todos os 33 desaparecidos. Ele passava a madrugada acordado, planejando as operações. Virava as noites e de dia ia para o campo fazer buscas.

Depois dessa operação, ele mudou a dinâmica do curso de treinamento. Ele viu que podia pegar mais pesado com os alunos depois de tudo que tinham vivido na região serrana.

O curso era muito pesado mesmo. Eu emagreci mais de cinco quilos. Estávamos constantemente molhados nas aulas práticas para simular o trabalho em dias e noites chuvosos. O que mais me causava sofrimento era o frio. Eu já sentia muito frio naturalmente, à noite e molhado então... Tinha espasmos constantes e acabava que, para me esquentar, ia para os simulados das operações cavar os buracos à procura dos bonecos soterrados.

Os simulados chegavam a durar mais de 24 horas. Um deles foi apelidado pelos instrutores de "o mais longo de todos os dias". Nós tínhamos que encontrar uma família que havia sido soterrada em uma casa, e só terminava quando encontrávamos todos. O meu demorou mais de 30 horas. Sempre pensei que isso era um exagero da parte dos instrutores, que jamais iríamos atender uma ocorrência dessas, mas os militares mais antigos falaram que já tinham vivido situações até piores, que o curso era só uma amostra do que poderíamos encontrar na realidade.

O Mendes e eu estávamos levando materiais extras na viatura para a operação. Provavelmente, quando chegássemos, o pessoal que estava indo de aeronave já estaria lá e precisaria do nosso apoio e dos equipamentos.

Já estávamos na rodovia quando o Mendes deu uma freada brusca para diminuir a velocidade e passar em um radar.

– Você está de sacanagem comigo, né, Mendes? Diminuindo pra passar no radar agora?

Eu sabia que levar multa dava muita dor de cabeça para os motoristas. Muitos não gostavam de dirigir as viaturas por conta disso. A multa gera um processo administrativo interno e eles têm de justificar o porquê da infração. Se tiver um ralado na viatura, tem que pagar, e tudo isso desestimulava os bombeiros a continuar dirigindo. Trabalhar na rua já deixava a gente exposto a vários problemas, mas valia a pena, não existia serviço melhor.

– Sim, senhor – respondeu Mendes mais uma vez, breve e seco.

Estávamos passando pela cidade de Itabirito quando ouvi o som de um helicóptero. Olhei para o alto pela janela da viatura e vi o Carcará e o Pégasus cortando o céu. Eles chegariam em pouco tempo a Mariana e a gente precisava acelerar para não chegar muito tempo depois.

Mariana fica a 150 quilômetros de Belo Horizonte. A estrada não era das melhores, com apenas um trecho duplicado, o que dificultaria a nossa chegada. Àquela hora eu já estava com fome, mas não podia me permitir parar, atrasar a viagem para comer, afinal eles precisariam do nosso apoio e dos equipamentos que estavam na viatura.

Assim que pegamos a estrada principal de Ouro Preto, demos com uma fila gigante de carros à nossa frente que não nos deixava passar, e, mesmo com sirene e giroflex ligados, não havia muito o que fazer.

Nenhum carro passava, o trânsito era intenso. O Mendes então pegou a contramão e foi assim mesmo, piscando os faróis e avançando contra o fluxo. Não era ele que não queria levar multa no radar?

Olhei para o cinto de segurança só para ter certeza de que ele estava realmente afivelado. Além disso eu pisava no freio imaginário do lado do passageiro como se pudesse diminuir a velocidade do carro. Via os carros passarem quase de raspão na viatura, e, pela expressão do Mendes, ele se divertia com minha cara de assustado. Foram cerca de quatro quilômetros até ultrapassarmos uma fileira de caminhões que se estendia na rodovia e o trânsito começar a fluir normalmente.

Voltei a pensar em como estaria a situação no local. Será que haveria muitas vítimas mesmo? Será que conseguiríamos fazer alguma coisa? Então veio o chamado no rádio:

– Echo 01. Echo 01, é o COBOM.

Echo 01 era a codificação do oficial de serviço no nosso batalhão. Aumentei o rádio e respondi:

– Echo no QAP.

QAP é um código que deve ser dominado por qualquer operador de rádio, civil ou militar. Significa: "Estou na escuta".

– Echo 01, não param de chegar solicitações no COBOM. Várias solicitações de pessoas diferentes. A princípio a barragem rompeu e vários funcionários da mineradora Samarco foram atingidos. Um distrito logo abaixo da mineradora também foi atingido. É o distrito de Bento Rodrigues.

– COBOM, repita aí o distrito e verifique para o Echo qual a melhor maneira de chegar até lá.

– Echo 01, distrito de Bento Rodrigues. Pelo que falaram não tem como chegar. Está totalmente isolado e várias casas foram soterradas. O pelotão de Ouro Preto está repassando aqui que já tem viaturas lá perto, mas é impossível chegar. Está tudo isolado. Só vão conseguir chegar de helicóptero.

– Recebido, COBOM. Já estamos chegando em Ouro Preto.

O cenário desenhado pela central era terrível. As aeronaves já deviam estar na região e com certeza precisariam da nossa ajuda. Apesar de nós não conseguirmos chegar ao distrito, poderíamos dar algum suporte para as equipes que estivessem lá.

Tínhamos um quartel em Ouro Preto, e como era muito próximo de Mariana, chegava-se muito rápido. As primeiras informações de que uma barragem havia se rompido em Mariana nos fizeram pensar que a cidade de Mariana é que estava soterrada, mas, quando chegamos lá, vimos que dentro do limite tudo estava em ordem. As pessoas viam a viatura e apontavam espontaneamente o caminho que deveríamos seguir. Não precisamos em momento algum parar para perguntar onde era.

Saímos do limite da cidade e pegamos uma rodovia secundária, que em alguns minutos nos levou à sede da mineradora Samarco. Um aglomerado de pessoas já se formava na portaria. Viaturas da Polícia, Guarda Municipal, Corpo de Bombeiros e vários carros de reportagem se agrupavam na entrada. Lá de fora, víamos pessoas correndo para sair da sede da empresa.

Cheguei na portaria e me identifiquei:

— Sou o tenente Tiago Costa. Preciso saber onde é a barragem. Tem uma equipe minha que já chegou de helicóptero.

— Tenente, a barragem é lá pra baixo, mas pediram que todo mundo da Polícia Militar e dos Bombeiros que chegasse, entrasse na empresa, pois o responsável quer conversar com todos.

— Qual responsável? – perguntei intrigado.

— Eu não sei ao certo quem é, não, mas é alguém da Polícia que pediu pra que todo mundo que chegasse fosse encaminhado pra lá. – Ele olhou para os dois lados para ver se não tinha ninguém perto e disse bem baixo: – É que a outra barragem vai romper a qualquer momento e vai pegar todo mundo que estiver lá pra baixo.

— Puta que pariu! Onde fica a cidade que foi soterrada?

— Bento? – perguntou o porteiro, preocupado.

— Acho que é isso mesmo. Tem uma equipe minha lá.

– Sim, sim. É Bento. Só seguir essa estrada aí para baixo e, lá no trevo, entrar à direta.

– Ok, obrigado – respondi já indo em direção à viatura. E, de longe, ele mais uma vez me alertou:

– Tenente, se eu fosse o senhor, não ia, não. A barragem que eu falei com o senhor é essa aí. – Apontando para um terreno gigantesco logo adiante, cujo fim eu mal podia enxergar.

– Ok, obrigado – respondi novamente, ignorando o alerta.

Havia caminhões "fora de estrada" em cima dessa barragem que mais pareciam formigas.

– Mendes, toca lá pra baixo. A cidade fica pra lá, mas antes para ali na frente que eu preciso ver algo.

Entramos na viatura e logo à frente notei uma espécie de mirante, onde algumas pessoas se amontoavam para ver a imensidão da barragem. Ao fundo, alguns helicópteros menores de reportagem sobrevoavam, e uma densa nuvem de fumaça se formava no horizonte. Saí da viatura para ver se conseguia observar mais algum detalhe que pudesse me ajudar, e foi então que percebi que a situação não iria melhorar tão cedo. Uma gota d'água caiu na minha mão. Olhei para cima e, como confirmação da minha suspeita, outras gotas pousaram na minha cabeça. Pelas nuvens no céu, percebi que não iria parar de chover tão cedo. A situação, que já era terrível com outra barragem na iminência de romper, com a chuva só se agravaria. O Mendes veio me acompanhando para fora da viatura. Olhei para ele e disse:

– Está vendo essa barragem? O porteiro acabou de me dizer que ela vai romper a qualquer minuto. O pessoal está lá embaixo. A gente precisa avisar. Pelo jeito vai chover muito. E se ela romper...

Não precisei completar a frase para o Mendes entender. Ele balançou a cabeça e entramos na viatura.

– COBOM, Echo 01 contato. – Solicitei ao COBOM contato com o pessoal que estava lá embaixo no distrito atingido, mas o rádio estava mudo.

Tentei novamente, e silêncio na rede de rádio. Estávamos fora da nossa região e provavelmente não conseguiríamos falar com eles. Tentei contato diretamente com o tenente Farah.

– Echo 04. Echo 04, aqui é o Echo 01.

Echo 04 era o codinome que o tenente Farah utilizava para a comunicação. Mas o rádio permaneceu mudo.

Não adiantava, não conseguiríamos contato. Tentei telefonar, mas não havia nenhum sinal. O jeito era tentar avisar pessoalmente o risco que eles corriam.

Descemos a estrada e seguimos até encontrar um trevo, no qual viramos. Continuamos a seguir caminho por uma estrada de calçamento em um vilarejo, onde as poucas pessoas que víamos nos olhavam com um olhar assustado e desconfiado, diferente dos olhares amigáveis que costumávamos ver quando íamos atender qualquer ocorrência. Durante o percurso eu olhava para o alto, tentando ver algum indício de rompimento da barragem. Afinal, agora nós também estávamos no caminho da destruição, e pelo jeito não havia como fugir, a não ser que retornássemos para onde estávamos. Mas isso estava fora de cogitação.

Na direção contrária, vários carros pareciam abandonar a região e passavam por nós piscando os faróis, então resolvemos parar.

– Estão pedindo pra todo mundo sair daqui, porque a outra barragem vai romper – disse um senhor dentro de um carro, tentando nos alertar. – A gente não sabe se é verdade, mas a outra que rompeu destruiu Bento. Já começou a chover. É melhor vocês saírem também.

– Ok, obrigado. Mas como a gente faz para chegar em Bento? – perguntei ao senhor.

– Não tem mais jeito de chegar lá, não. A lama acabou com Bento. A lama destruiu tudo!

– E como a gente faz pra ir lá nesse lugar onde a lama destruiu tudo? – mudei a pergunta para ver se ele entendia que, independentemente do que tivesse acontecido, eu ia dar um jeito de chegar até lá.

– Você vai ter que voltar, pegar a segunda entrada aí atrás, porque essa estrada que a gente está já foi destruída. Talvez, se você der a volta por trás, consiga chegar lá perto.

– Obrigado – Mendes respondeu, já retornando com a viatura sem perder tempo.

Já estava escurecendo, e chegar lá àquela hora, sem luz, seria ainda mais difícil. Eu já não conseguia enxergar a montanha da barragem e não seria possível ver quando ela rompesse.

O Mendes acendeu os faróis e fechou as janelas, pois a chuva já estava molhando todo o interior da viatura. Pegamos a entrada certa. Vários carros vinham na direção contrária, sinalizando e pedindo para que a gente parasse. Eu já sabia o que eles iriam dizer, que ir pra lá era perigoso, que se a barragem rompesse iríamos morrer. Mas será que o tenente Farah sabia? E, mesmo que ele soubesse, sei que ele não sairia de lá enquanto não conseguisse salvar todos que pudesse.

Já estava totalmente escuro, estávamos em um bairro pequeno, sem luz alguma nas ruas e nas casas, e, pelo que víamos, as pessoas estavam saindo de lá. Olhei o celular para ver se havia sinal, mas, como imaginei, não tinha nenhum. Provavelmente as torres de transmissão haviam sido derrubadas, portanto não teríamos luz, rádio e nem sinal de celular.

Chegamos a uma estrada de terra e vimos uma viatura dos Bombeiros se aproximando poucos metros à frente. Paramos para perguntar como podíamos chegar até lá. Quando paramos a viatura, vi o tenente Júlio César.

– Senhor tenente, e aí? Nós estamos no caminho errado?

– Fala, Tiago. Deu merda demais, cara. Não tem como passar, está tudo bloqueado e ainda está começando a chover.

– O senhor vai por outro caminho? Nós vamos também...

– Não, não. Fica aí. Eu recebi ordem para me apresentar na mineradora, montaram um Posto de Comando lá. Mandaram eu ir. Mas você fica, o Farah deve estar do outro lado. Vai precisar da sua ajuda.

– Tá bom, tenente. Eu vou pra lá.

– Tiago, avisaram você sobre a outra barragem?

– Avisaram sim, tenente. E aí? O que a gente vai fazer?

– Se romper, não vai dar tempo de nada não, irmão. Estou indo pra lá, vou tentar conseguir algumas máquinas para abrir caminho. Vê o que dá pra fazer aí. Vou tentar voltar o mais rápido possível.

Arrancamos as viaturas, cada um com seu destino. Eu não conhecia muito o tenente Júlio César. Sabia que ele e o tenente Farah eram muito amigos, quase irmãos. E tinha certeza de que ele estava contrariado de ter que ir para o Posto de Comando.

Seguimos caminho e, do lado de fora, era possível ouvir um barulho terrível. Era um barulho de água, de uma enxurrada muito forte, como se estivéssemos próximos de uma cachoeira enorme. Não condizia com o barulho da chuva, que ainda estava fraca. Parecia um barulho de árvores sendo arrancadas, realmente algo assustador. Será que a outra barragem havia rompido com a água que caía do céu? À medida que íamos vencendo os cinco quilômetros, um cheiro insuportável foi tomando conta do ambiente – devia ser o cheiro do rejeito.

No caminho ouvimos o que parecia ser um choro, um barulho.

– Mendes, para! Está ouvindo?

Ele parou a viatura e nós descemos do carro. Olhamos de lado para um barranco e avistamos a lama subindo, e, lá embaixo, um cachorro. Olhei para o Mendes, na dúvida se descíamos, pois tínhamos que chegar com urgência aonde o tenente Farah estava. Mas tinha um cachorro ali.

– Tenente, vamos salvar a primeira vida dessa ocorrência? – perguntou Mendes, sabendo que eu não teria coragem de deixar aquele cão ali.

Fui até a traseira da viatura, abri a caçamba, peguei uma corda e a ancorei na roda para fazer um rapel até o cão. Ele estava atolado até o pescoço, mal conseguia se mover. Como eu teria que subir novamente com o cachorro no colo, o Mendes segurou a corda e foi me baixando à medida que eu pedia.

– Pode dar corda, mais corda... Mais um pouco, está quase.

Até que eu consegui alcançá-lo.

– Peguei! Peguei! – Nesse momento, percebi que a lama estava subindo de maneira assustadora. – Puxa, Mendes! Puxa que a lama está subindo muito rápido!

Eu segurei o cachorro em uma mão e, com a outra, puxei a corda junto com Mendes até vencer o barranco, que devia ter uns doze metros.

Chegando no alto, ganhei uma lambida que valeu mais que um abraço, e então coloquei o cãozinho na viatura.

– Olha pra cá, tenente. Vou tirar uma foto de recordação da primeira vítima salva.

– Cara, vamos levar ele, deve ter alguém procurando.

Seguimos caminho com o cachorro no banco de trás, na intenção de achar seu dono.

Poucos quilômetros adiante, um aglomerado de carros começava a se formar e várias pessoas fugiam dali andando. Foi quando um rapaz deu um soco na viatura, seguido de um chute na lataria, e gritou:

– Bando de filho da puta! Vocês só chegam agora, né? Agora não adianta, não, já morreu todo mundo!

Pela primeira vez vi que as pessoas não estavam muito contentes com a chegada do Corpo de Bombeiros a uma ocorrência. Ordenei ao Mendes:

– Desliga o giroflex. Vamos tentar passar despercebidos.

Andamos mais alguns metros e então o local ficou intransitável. Descemos da viatura e vimos que havia outros bombeiros no local. Perguntei a alguém:

– Onde é a cidade? Onde foi o acidente?

– Bem ali na frente. Não está dando para ver porque está muito escuro e a lama destruiu tudo.

Voltei à viatura, peguei minha lanterna e iluminei na direção apontada. Não dava para acreditar no que eu via. Era como um daqueles filmes de desastre. Só que era real, e nós estávamos nele. O feixe de luz iluminava os pingos fracos de chuva que caíam e se juntavam ao fluxo de lama, que descia rapidamente.

Carros boiavam e eram arrastados com uma facilidade impressionante. Mais abaixo, dois cavalos e uma vaca também eram levados. Eu não conseguia ver muito longe, pois a lama havia atingido tudo, mas chegando mais perto conseguimos perceber que bem longe, do outro lado, havia algumas pessoas que gritavam em desespero.

O Mendes tirou o cachorro de dentro da viatura e a trancou. No meio daquelas pessoas, fomos tentando chegar o mais próximo possível do limite da estrada, que estava logo à frente.

Parei estagnado diante da estrada, sem ter a menor ideia do que fazer. O volume de lama que havia passado por cima daquele local era imenso, jamais conseguiríamos tirar aquilo com pás e enxadas. Iríamos precisar de um trator. Um não, vários. Olhei para o outro lado novamente e vi algumas luzes se movendo de um lado para o outro. "Deve ser a equipe do tenente Farah", pensei. Não adiantava chamar no rádio, pois não estava funcionando. Olhei para o lado e vi um policial.

– Irmão, tem alguém da equipe de vocês do outro lado? – Ele só percebeu minha presença naquele momento e, vendo que eu era tenente, prestou continência e disse:

– O tenente entrou no mato com uma guarnição já faz um tempo. Eles estão tentando chegar do outro lado para ajudar, mas pelo visto vão demorar muito, pois tem que dar essa volta toda aqui pela mata – disse, apontando todo o caminho que eles iriam percorrer.

– Você ainda está conseguindo contato com eles via rádio?

– Consigo sim. Quer chamar?

– Pode chamar. Fala pra eles procurarem o tenente Farah quando chegarem do outro lado. Ele está lá com uma equipe. Avisa que eu, tenente Tiago, preciso falar urgentemente com ele.

O policial foi até a viatura deles para usar o rádio e eu fui até a nossa para buscar um apito. Eu ia tentar avisar que estava lá através de sinais sonoros. A chuva tinha diminuído, mas continuava a cair.

Assim que achei o apito, cheguei o mais próximo possível do fim da estrada e apitei o mais forte que consegui. Um silvo longo e estridente cortou toda aquela escuridão. Eu sabia que, se o tenente Farah estivesse lá, ele me responderia. E, segundos depois, ouvi bem ao fundo o som de um silvo de apito também. Aquele silvo me aliviou, ele deveria estar lá e com certeza já estava pensando em algo para fazer. Mas eu precisava saber o quê. Foi quando os três silvos interromperam meus pensamentos.

Eu já estava instruído a reconhecer que os três silvos intermitentes significavam que devíamos evacuar o local. Ou seja, eles precisavam sair de lá. Eles sabiam que precisavam evacuar aquele local o mais rápido possível. Respondi com dois silvos, para que eles soubessem que eu faria alguma coisa para ajudá-los. Eu não sabia o quê. Mas faria alguma coisa.

Ouvi mais dois silvos longos, seguidos novamente de três silvos intermitentes. Eu entendi o recado: eles já tinham pensado em uma solução e estavam fazendo algo para evacuar a cidade. Agora eu precisava pensar em como ajudar. Se o tenente Júlio conseguisse as máquinas rápido, poderíamos agilizar a abertura de um acesso para retirar aquelas pessoas.

Quando olhei à minha volta, percebi que eu também estava com um problema gigantesco. Várias pessoas se aglomeravam ali para ver o que estava acontecendo, para ver se poderiam ajudar. Só que, quando a outra barragem rompesse, todas elas se tornariam vítimas também. E nem a chuva espantava aquelas pessoas de lá.

Decidi então retirar todos dali, mas para isso eu precisaria de ajuda. Chamei o pessoal da Polícia Militar e uma guarnição dos Bombeiros de Ouro Preto, que também estava presente. Não seria fácil retirar as pessoas. Como o acidente havia acontecido no final da tarde, alguns moradores estavam chegando do trabalho e se deparando com aquela situação. Eles não iriam querer sair de lá, pois seus familiares poderiam estar do outro lado. Conversei com os militares que estavam comigo e expliquei que teríamos que catalogar todas as pessoas e conseguir um transporte para levá-las a um abrigo temporário.

Pedi ao policial que passasse uma mensagem via rádio para alguma guarnição que estivesse no Posto de Comando, pois iríamos precisar de um ônibus para retirar aquelas pessoas e de um local para abrigá-las.

Começamos a conversar com cada um dos presentes. Eles não estavam satisfeitos de sair, mas não sabíamos quem era morador e quem era simplesmente curioso. Então, começamos a tomar nota de quem sairia espontaneamente e de quem aguardaria a chegada do ônibus.

Era um trabalho complexo, pois ao mesmo tempo em que colhíamos todos os dados, precisávamos descobrir se eles tinham parentes com quem haviam perdido contato e como fazer para localizá-los.

Em pouco tempo uma caminhonete chegou com dois senhores que pediram para conversar comigo em particular.

– Tenente, meu nome é Álvaro. Eu trabalho na Samarco e fui designado para ajudar o senhor no que precisar aqui.

– Ok, Álvaro, meu nome é Tiago. Vou precisar muito da sua ajuda, sim. De imediato, preciso de um caminhão e de tratores, precisamos abrir a estrada. E de um ônibus para evacuar a cidade.

– Vou providenciar o ônibus. As máquinas o senhor pode ver com o Edimílson – ele apontou para um senhor ao seu lado, que me estendeu a mão e disse:

– Pode falar quais máquinas o senhor precisa que eu vou mandar trazer aqui agora.

– Tenho uma pergunta. – Puxei os dois para um lugar ainda mais reservado para ter certeza de algo que eu não queria saber. – Estão falando que outra barragem está para romper. É verdade? E se ela romper?

– É verdade, tenente – disse Álvaro cabisbaixo, como se envergonhado ou amedrontado. – Se romper, vai pegar todo mundo. Tenente, não comenta com ninguém que somos da empresa, não. O pessoal está revoltado.

"Se as pessoas estão revoltadas conosco, os bombeiros, imagina com eles, da mineradora", pensei.

– Vem cá, Edimílson – falei, puxando o chefe das máquinas para ele ver o acesso que teríamos que abrir.

Quando chegamos próximo ao local, lá de longe avistamos dois faróis bem fortes, e o Edimílson falou:

– Parece que conseguiram arrumar uma máquina do outro lado. É uma máquina pequena, mas é melhor do que nada. Tem alguém de vocês que sabe operar aquilo lá?

– Preocupa com isso não, do jeito que o povo lá é doido, o tenente pilota até avião se precisar – eu disse, certo de que o tenente Farah já tinha pensado em algo. – É aqui que vamos ter que abrir. Veja quais máquinas você tem pra ajudar e já pode pedi-las.

Quando voltamos para perto da caminhonete, os bombeiros e os policiais militares já estavam terminando de catalogar as pessoas, e o Álvaro disse:

– O ônibus já está vindo.

De repente, um sargento da Polícia Militar veio correndo até mim com o rádio em mãos. Depois de mais de três horas, a equipe da Polícia que havia entrado na mata tinha conseguido chegar até o distrito. E já dava pra ouvir o chamado no rádio.

– Tiago, está no QAP?

Era a voz do tenente Farah. Era um alívio ouvir aquilo. Pelo menos agora poderíamos nos comunicar e tentar alinhar uma estratégia para resolver aquela situação.

– Fala, tenente. Estou no QAP.

– Vai num reservado. Preciso falar com você.

A situação não era boa. Se ele estava pedindo para eu ir para um local mais reservado é porque iria me passar informações que não poderiam ser divulgadas para todos.

– Pronto, tenente, pode falar.

– Passa para a faixa que usamos nas operações.

O tenente Farah pensava muito rápido. Ele sabia que, se continuasse na mesma faixa, alguém de fora poderia ouvir. E não falou o número da faixa, assim ninguém, além de mim, acompanharia aquela conversa. Passei o rádio rapidamente para a outra faixa e dei o OK pro tenente.

– Irmão, tem outra barragem pra romper. Estou com mais de quinhentas pessoas aqui. Não tenho água, não tenho comida e estamos sem energia. Totalmente isolados. E essa chuva que começou está fraca, mas parece que não vai parar.

– Tenente, eu pedi pra trazerem mais máquinas pra abrir a estrada. Vai dar tempo.

– Tiago, se você quiser retirar todo mundo daí, cara, pode retirar. Se essa outra barragem romper, você já sabe, né?

– Vai dar tempo, tenente. Tem um cara da mineradora aqui com a gente que já está agilizando a máquina.

– Tiago, se a outra barragem romper, vaza. Já coloca as viaturas em rota de fuga. Vai precisar de gente pra depois que essa barragem romper, entendeu? Fala com o Júlio que não adianta mandar mais gente pra cá, não. Pede pra ele ficar em cima da empresa pra eles estabilizarem essa outra barragem.

– Beleza, tenente. Do que o senhor está precisando aí?

– Preciso tirar essas pessoas daqui o mais rápido possível. Sua prioridade é arrumar mais máquinas aí desse lado. Aqui eu me viro.

– E água, comida? – perguntei a ele, mas sabia que não tínhamos previsão nenhuma de conseguir mandar isso pra lá.

– Não se preocupa que eu me viro. Agora vai lá, vou desligar o rádio pra não acabar a bateria. Se precisar me chamar, apita que eu ligo o rádio.

– Vou agilizar as máquinas.

– Tiago, as informações preliminares é de que temos, só aqui, 54 pessoas desaparecidas. Mas não deixa essa informação vazar.

– Recebido. Boa sorte, tenente.

Voltei para o ponto onde as viaturas estavam e, ao chegar, vi que o subtenente Selmo também estava chegando com apoio e vários militares. Aquilo foi bom demais, receber mais gente da nossa própria equipe para nos ajudar não tinha preço.

– Boa noite, tenente Tiago. Estamos em condições, com equipamentos e suprimentos no caminhão.

– Boa noite, Selmo. Por ora não há muito o que fazer. – Enquanto falava, eu ia cumprimentando um por um da equipe. O sargento Kleber, sargento Gil, soldado Assunção, soldado André e soldado Denilson. – Vamos precisar evacuar todas essas pessoas daqui enquanto abrimos caminho na estrada. O tenente Farah está lá do outro lado com um monte de gente e não tem como passar.

– Sim, senhor. E o que o senhor quer que a gente faça?

– Pega a relação de todas as pessoas, embarca todas elas no ônibus assim que ele chegar e, depois, vamos montar um esquema de revezamento de equipes para descanso. A noite vai ser longa. Façam favor! – chamei os militares para um canto mais reservado. – Pessoal, a situação aqui é crítica. Tem outra barragem para romper e, se ela romper, não sei se conseguiremos sair daqui. Portanto, quem não quiser ficar nesse local, pode ir até a mineradora, no Posto de Comando...

– O senhor é louco, senhor tenente? – disse o sargento Gil, do jeito que lhe era peculiar.

O Gil era um ogro por natureza, negro, baixinho, troncudo e muito forte. Ele dizia que era o típico "Negro Mina", bom para trabalhos em espaços pequenos, como minas subterrâneas, e muito bom para trabalhos braçais. O Gil era matuto, cara do mato, raizeiro, tinha um impulso fora do comum em situações extremas e um coração do tamanho do mundo.

– Nós não vamos abandonar o senhor, não. E ninguém aqui vai embora, não. Não é, senhor sub? – complementou Gil, olhando para o subtenente Selmo. – Eu sei que o tenente Farah já falou com o senhor, mas ele não deve ter falado que está lá na merda. Então, se um está na merda, vai ficar todo mundo na merda junto.

O Gil era impulsivo, e nessas horas não adiantava a gente perder a calma. Eu sabia que ele tinha receio de que eu acabasse decidindo sair do local pelo perigo que oferecia, e ele, como gostava de dizer, era um cumpridor de ordens: com certeza iria junto, contrariado, mas iria. Portanto, tive que deixar bem claro:

– Gil, eu não posso decidir pela vida dos outros, que bom que você vai ficar aqui comigo, mas essa é uma decisão individual. Então, assim que o ônibus chegar, Selmo, embarca todas as pessoas que estão aqui e quem quiser pode ir acompanhando. É bom que ajudam no Posto de Comando, ok?

Todos balançaram a cabeça, assimilando as ordens. Eu tinha certeza de que todos ficariam ali comigo, mas precisava lhes dar essa oportunidade.

O Selmo fez a conferência das pessoas e dois ônibus chegaram. Atrás deles estavam duas máquinas de grande porte para iniciarmos os trabalhos do nosso lado.

Assim que as pessoas começaram a embarcar no ônibus, veio o aviso do rádio, aquele que ninguém ali queria ouvir:

– Germano rompeu! Evacuem a área! Germano rompeu!

Aquilo gelou minha espinha. Apitei alto para que o tenente Farah pudesse ouvir e ligar o rádio:

– Tenente, rompeu! A outra barragem rompeu!

Silêncio, a rede não respondia. Passei então para a faixa 5, na qual estávamos nos comunicando.

– Tenente Farah, a barragem rompeu, a barragem rompeu!

Apitei mais uma vez, com todo o fôlego que eu tinha.

– Germano rompeu! Germano rompeu!

O tenente respondeu:

– De quem é a informação? É do Posto de Comando?

– Não sei. Espera que vou verificar.

Quando olhei para trás, as pessoas estavam se amontoando no ônibus, que já estava arrancando, depois de ouvirem o alerta. Viaturas da Polícia Militar, dos Bombeiros e todos os outros carros que estavam ao nosso lado também tentavam sair de lá para escapar da onda de lama que logo chegaria varrendo tudo.

– Posto de Comando, é o tenente Tiago.

– Prossiga, o Posto de Comando está no QAP.

– Posto de Comando, confirma o rompimento da outra barragem? A informação veio de vocês?

– Negativo. A informação não partiu daqui, mas nós ouvimos o alerta. Uma equipe já foi designada para verificar se a barragem rompeu ou não.

– QSL – respondi, com a sigla que significa "recebido".

Mudei imediatamente a faixa para falar com o tenente Farah.

– Tenente, o Posto de Comando também recebeu a informação, mas disse que ela não saiu de lá.

– Beleza, Tiago. Só vou tomar alguma atitude mais drástica quando tiver a informação vinda do Posto de Comando. Mas independentemente, disso, vou levar todos os moradores para o alto da cidade e seja o que Deus quiser.

– Vou aguardar retorno e passo para o senhor.

– QSL. Dessa vez vou deixar o rádio ligado, e, qualquer novidade, pode me chamar.

Quando olhei novamente para trás, só havia a nossa equipe e os dois senhores da mineradora com a gente. A viatura do tenente Júlio César também havia chegado, e ele desceu já perguntando:

– Ouviram o alerta?

Em coro, respondemos:

– Sim, senhor!

– Pessoal, quem quiser pode sair, aqui está realmente perigoso – disse o tenente Júlio.

– Não, tenente. Já decidimos, vamos ficar – falei, já que nenhum dos militares havia embarcado no ônibus. Eu sabia que todos ficariam até o final, seja ele qual fosse.

O tenente Júlio virou-se para os funcionários da mineradora, Álvaro e Edimílson, e disse:

– Se vocês quiserem, podem ir. Na verdade, devem.

– Não. Nós vamos ficar e ajudar. Mesmo porque os operadores foram embora.

De fato, as máquinas estavam ali, mas os operadores tinham ido embora com os ônibus. Não havia o que fazer, a gente não conseguiria refazer o acesso antes de a lama nos atingir, estávamos ficando ali por companheirismo. Para, de certa forma, não abandonar a guarnição do outro lado.

Não havia mais nada a fazer. Só podíamos rezar e pedir a Deus que nos iluminasse.

A nossa situação era ruim, mas a do outro lado era pior.

CAPÍTULO 6

"GERMANO ROMPEU!"

Assim que terminamos a oração, os militares começaram a se equipar novamente. Percebi que a chuva não ia parar tão cedo, e eu precisava distribuir as tarefas logo. À nossa frente havia um ginásio, e determinei que todos fossem para lá com o equipamento que haviam trazido.

No caminho para o ginásio, vimos dois cães que rolavam e se coçavam na grama. Pareciam desesperados com o rejeito agarrado ao corpo. Olhei para o Ferreira e para o Magalhães, totalmente sujos de lama. Olhei para toda a equipe e percebi que todos nós havíamos entrado em contato com o rejeito. No auge da adrenalina, havíamos desobedecido à ordem que eu mesmo havia dado de, sob nenhuma hipótese, entrar em contato com a lama.

– Guarnição – chamei a atenção de todos para a lama que estava nos meus braços, que tinha vindo das senhoras que transportamos para os helicópteros. E tirei a gandola, a parte superior da farda. Todos eles entenderam e começaram a tirar luvas e outras partes sujas que haviam entrado em contato com a pele.

Não havia o que fazer. A cidade estava sem água e, mesmo se achássemos água, eu não poderia usá-la para lavar nossa equipe, pois a população precisava dela para beber. A chuva era muito fina; ela ajudaria a espalhar o rejeito, mas não a retirá-lo.

– Isso não vai adiantar muita coisa agora. Depois eu vejo o que fazer – disse a todos.

Voltei em direção ao ginásio e todos foram me acompanhando. Entramos no local e logo percebi que as pessoas da cidade, que já não tinham casas, começaram a entrar também, à procura de um abrigo para se protegerem da chuva. Percebi que ali eu não conseguiria dividir as missões nem verificar quanto suprimento teríamos.

Bem à nossa frente, havia uma casa de dois andares com um sobrado como terceiro andar. Pedi aos militares que aguardassem e fui verificar o local. Era grande, arejado e estava protegido da chuva. Tinha um banheiro ao fundo, e o único acesso era pela escada. Ele nos conferia maior segurança que o ginásio, que era todo aberto, e várias pessoas poderiam entrar lá de uma vez. Voltei então até o ginásio e instruí que a equipe se reunisse no último andar daquela casa.

Eles pegaram os equipamentos e subiram rapidamente. Começaram a formar um círculo, que ocupava toda a extensão do sobrado. Quando não havia mais ninguém para chegar, como de praxe, todos retiraram as mochilas e os equipamentos e os colocaram no chão, diante de si. A grande vantagem de se trabalhar com uma tropa especializada era essa: eles eram adestrados – essa era exatamente a palavra que utilizávamos. Todos condicionados a fazer o que se treinava no curso, o que nos poupava muito tempo. Eram ensinados que, durante a instrução para uma missão, deveriam se desequipar para aliviar o peso nas costas e tentar descansar, pois não saberiam quando poderiam fazê-lo novamente.

Abel estava ao meu lado. Comecei a contar apontando para cada um que estava lá. 1, 2, 3, 4, 5, 6, 7, 8, 9, 10, 11 comigo e com o policial civil.

– Senhores, aguardem um momento. Abel, vem cá.

O tenente Abel me acompanhou até um canto. Eu precisava tomar decisões sobre o andamento da operação, mas não poderia colocar em aberto as discussões, senão ficaríamos tempo demais até acertar o que fazer. Por isso eu havia chamado o Abel, para consultá-lo sobre algo que pudesse ser feito de maneira melhor ou diferente.

– Tem papel e caneta aí? – Ele balançou a cabeça negativamente, então fui até minha mochila e peguei. – Olha só – comecei a dividir as equipes no papel. – Você e o Carraro são enfermeiros, correto? Como não dá pra fazer buscas efetivas com o seu cão, por causa do rejeito, você deixa ele aqui e vai catalogar todos os que precisam de transporte urgente. Quem usa medicamento essencial, quem faz hemodiálise, enfim, enfermos com prioridade de transporte. Vou colocar o Ferreira, o Magalhães e o Magela para tentar achar uma saída. Nessas cidades do interior costuma ter máquina, retroescavadeira... Ninguém é operador formado, mas o Ferreira vai dar um jeito de dirigir isso aí. O Menon e o Faria vão percorrer a cidade, procurando os desaparecidos e catalogando as pessoas de quem os moradores estão dando falta. O Lopes e o Henrique vão realizar buscas na margem pra tentar ver ou ouvir algum pedido de ajuda. Vou ficar com o Marçal e montar uma base aqui. Preciso tentar contato com alguém fora dessa área para passar a situação do que estamos fazendo e arrumar um local para sair se a outra barragem romper. O que você acha?

– Está ótimo. Não consigo pensar em nada diferente.

– Beleza. Vamos lá reunir.

– Senhores, as equipes serão assim definidas: Ferreira, Magela e Magalhães, vocês vão arrumar um jeito de sairmos dessa cidade, de tirar todo mundo daqui. Deve ter uma retroescavadeira em algum lugar. Encontrem e comecem a abrir a estrada. Abel e Carraro vão catalogar os enfermos. Abel já sabe o que fazer. Menon e Faria, vocês vão catalogar todos que estão desaparecidos. Essa informação é uma das mais importantes para a operação. Lopes e Henrique, vocês vão fazer buscas na margem, técnica de chamado e escuta. Se vir ou ouvir alguém, avisa que vamos priorizar. Vou montar uma base aqui junto com o Marçal, nosso companheiro da Polícia Civil, para alinhar o que vamos fazer, tentar passar a informação para alguém do Posto de Comando e encontrar um local que sirva de zona segura caso a outra barragem venha a romper. Alguma dúvida?

Ninguém respondeu nada. Então eu considerei que todos já sabiam o que fazer.

– Segunda questão: suprimentos. Água e comida. Verifiquem como vocês estão e vamos ver a demanda entre nós. O que estiver sobrando é colocado em cima da mesa para algum companheiro pegar. Como vocês sabem, comida e água da população são da população.

Cada um abriu sua mochila e verificou o conteúdo. De imediato deixei duas barras de cereais sobre a mesa. Eu tinha um cantil cheio d'água e cerca de mais um litro na mochila de hidratação.

– Vou deixar duas barras aqui na mesa, se alguém quiser, pode pegar.

Eu sabia que alguém pegaria. Sempre tem alguém sem nada e que, como dizíamos no quartel, "fica na onça".

Ajoelhei para acertar meu equipamento e conferir mais uma vez o que tinha na mochila.

Bandana, dois óculos de proteção – um preto e um amarelo –, saco estanque, pilhas reservas, pederneira, fósforo, rapadura, luva de vaqueta, luva de trabalho pesado, canivete, pá de campanha, cadeirinha com mosquetão, freio oito e anéis de fita, ração, esparadrapo, lanterna de mão, talher de campanha, multiferramenta e pastilha de café.

Graças a Deus, não esqueci de mim mesmo. Eu era extremamente esquecido, por isso conferia a mochila e não mexia nela quando estava no quartel, pois, se mexesse, iria perder ou largar algo para trás. Quando vi que tinha colocado pastilhas de café solúvel, meus olhos brilharam. Coloquei na boca e deixei dissolvendo bem devagar – isso me daria tudo que eu precisava para pôr minha cabeça no lugar.

Guardei tudo, fechei a mochila, acertei meu equipamento, coloquei-o nas costas, prendi o capacete e liguei a lanterna dele para ver se estava com pilhas suficientemente fortes. Então aguardei de pé todos ficarem prontos.

Assim que todos tomaram as posições, eu disse:

– Senhores, boa sorte. Que Deus nos ilumine. Se precisarem de algo, todos sabem os códigos do apito.

Já separados, eles começaram a descer e partir para suas missões.

Eu tinha uma tropa incrível, me orgulhava verdadeiramente de ter treinado aqueles homens. Sei que eles fariam qualquer coisa para cumprir suas missões.

O que mais me preocupava era o número de desaparecidos que teríamos. Isso certamente implicaria em um planejamento fora do comum. Tínhamos voado com a aeronave por mais de quinze minutos em linha reta. Será que a lama iria atingir totalmente aquela cidade? Quantas pessoas não teriam conseguido fugir de lá? Essas perguntas fervilhavam na minha cabeça, mas era preciso focar nas mais de quinhentas pessoas que já estavam conosco. Quanto mais demorássemos para retirá-las, maior seria a fome, maior seria a sede, o cansaço, e isso iria deixá-las cada vez mais nervosas com aquilo tudo. Sem contar a outra barragem que estava prestes a romper. Assim que me lembrei da barragem, desci de imediato e pedi para que o Marçal continuasse fazendo a segurança do local.

Encontrei o seu Zezinho lá embaixo, aguardando com mais duas pessoas.

– Senhor tenente, eu vou ser o representante mesmo. Já sou o líder comunitário e vou ajudar o senhor.

– Ótimo, seu Zezinho. Me acompanha, então. Preciso saber qual é o lugar mais alto que a lama ainda não atingiu e que conseguimos chegar de onde estamos.

– Com certeza é lá no Pedrão. Vou mostrar onde é.

– Lá a gente consegue sinal de celular? – perguntei, na esperança de fazer contato com alguém do Posto de Comando, já tirando o celular do bolso para conferir o sinal.

– Lá pega o celular rural, que fica na minha casa. A gente passa lá. Minha senhora deve tá com o telefone.

– Ótimo. Vou chamar um combatente para nos acompanhar.

Olhei para o lado e vi o Lopes e o Henrique descendo em direção ao fluxo de lama.

– Lopes! Henrique!

Os dois vieram rapidamente ao meu encontro.

– Lopes, me acompanha para resolvermos uma situação. Henrique, acompanha o Faria e o Menon na catalogação de vítimas. E assim que terminarmos com essa demanda vocês retomam as buscas.

Começamos a caminhar acompanhados pelo seu Zezinho. As pessoas se aglomeravam na rua, havia algumas fogueiras, mães com bebês no colo, crianças chorando junto aos seus pais. Eram vários desabrigados. De um lado da rua, algumas pessoas encontravam ânimo para tocar violão em meio àquela tragédia. A maioria não fazia ideia do que tínhamos visto e do perigo a que eles ainda estavam expostos. Poucas casas haviam restado de pé após o impacto da lama: apenas três ruas não tinham sido atingidas e mais de quinhentas pessoas se aglomeravam nessa extensão. De longe, no final da rua principal, ouvi a voz inconfundível do Ferreira, alta e aguda, e imaginei o que ele deveria estar fazendo para conseguir um trator.

Quando chegamos ao fim dessa rua principal, consegui ver as luzes nos capacetes dos militares que estavam com o Ferreira à minha direita, onde parecia ser a rua que daria acesso ao distrito de Bento. Estava tomada pela lama, sem qualquer condição de passagem.

De repente, ouvi um silvo de apito e, muito longe de nós, um ponto de luz. Peguei meu apito e respondi com outro silvo. Alguém da minha equipe estava do outro lado da margem. Eu tinha que avisar que nós precisávamos sair dali, abandonar aquele local. Apitei três vezes e, momentos depois, ouvi mais dois apitos. Quem quer que estivesse do outro lado da margem iria dar um jeito de nos tirar de lá.

Como eu já havia planejado algo, precisava avisar que já tínhamos iniciado a ação para retirar as pessoas. Apitei mais duas vezes, seguido de outros três silvos intermitentes. Esperava que tivessem entendido. Mas não adiantava ficar ali apitando, o jeito era sair daquele lugar.

Viramos à esquerda em direção à casa do seu Zezinho para buscar o telefone rural. Lá no alto, mais duas luzes em capacetes alaranjados – deviam ser o Abel e o Carraro, que foram até onde não havia mais pessoas para começar a catalogar os enfermos.

Poucos metros adiante e estávamos na casa do seu Zezinho. Logo na entrada, nos deparamos com muitas pessoas reunidas na sala, e várias velas iluminavam a parede verde com fotos antigas de toda a família. Em uma cadeira de balanço se encontrava a esposa do seu Zezinho, com um terço na mão. Lembrei do meu terço e de imediato coloquei a mão no bolso para conferir se ele ainda estava lá.

– Maria, pega o telefone rural pro tenente que nós vamos lá no Pedrão ligar.

Provavelmente a casa do senhor Pedro era a mais afastada da cidade e tinha uma antena disponível para fazer as ligações.

Maria levantou, veio ao meu encontro e disse:

– Deus te abençoe, viu, meu filho, por tudo que você tá fazendo por nós. Eu infelizmente não tenho nem um cafezinho pra te oferecer, porque acabou a água.

Como aquelas pessoas eram humildes. No meio de toda aquela tragédia, aquela senhora preocupada em me oferecer café. Aliás, somente em uma situação como aquela eu recusaria um café. As equipes de resgate jamais poderiam ser um peso para a população em necessidade. Eu ensinava nos cursos que nós não poderíamos ser mais uma boca para alimentar, mais uma pessoa para consumir a água de uma cidade já devastada por uma tragédia. Ali eu via como era importante termos essa consciência.

Dona Maria se afastou e pegou o telefone rural em uma gaveta. Agradeci a atenção e disse a ela:

– A senhora pode ficar tranquila, eu serei o último a sair dessa cidade. Vamos dar um jeito de tirar todos daqui.

Deixamos a casa do seu Zezinho em direção à casa do Pedrão. Chegamos ao final da rua asfaltada e começamos a andar por uma rua de terra, sem nenhuma casa, sem qualquer iluminação. O Lopes, achando aquilo tudo meio estranho, perguntou:

– Esse Pedrão fica muito longe daqui?

– Não, meu filho, são uns vinte minutos de caminhada.

Continuamos em frente, mesmo porque vinte minutos de caminhada não era pouca coisa, além de termos outros vinte minutos na volta. Eu conferia o celular de minuto em minuto buscando sinal.

– Não adianta, não, senhor tenente, a lama derrubou as torres todas. A gente tentou ligar mais cedo do celular, mas não conseguiu – disse o seu Zezinho.

– Como que o pessoal ficou sabendo que a barragem rompeu, seu Zezinho?

– Olha, sempre teve esse papo de que a barragem ia romper, mas a gente não acreditava, não, sabe? Então na hora que um ou outro falou que tinha rompido a gente até assustou, mas não acreditou, não. Daí veio a Paula, uma moradora daqui, na motinha dela, avisando todo mundo que a barragem tinha rompido e que era pra todo mundo correr. Nós saímos correndo pra parte alta e aí veio aquele lamaçal todo.

– Entendi. Falaram que estava tendo aula na escola, né?

– Estava. Mas graças a meu bom senhor Deus que a Paula avisou na escola e os meninos todos entraram no ônibus. Ficou criança nenhuma, não.

– O senhor tem certeza?

– Tenho sim. Conversei com as professoras e elas estavam fazendo chamada dos alunos aqui no alto. Faltou ninguém, não.

Graças a Deus! E aos professores! Aquela notícia me trouxe um alívio imenso. Até aquele momento eu imaginava uma escola inteira soterrada, cheia de crianças. Aquela tinha sido a melhor notícia até então.

– Pronto, tenente. Chegamos.

– Mas onde é a casa do Pedrão?

– Não é casa não, tenente. Olha o pedrão aí!

O seu Zezinho apontou para o alto de uma montanha. Fomos enganados pelo sotaque interiorano dele e não entendemos que o tempo todo ele se referia a uma pedra grande. Olhei para o Lopes e, mesmo ali, rimos um bocado daquela situação. Sem perder tempo, começamos a escalar a pedra, com seu Zezinho logo atrás de nós. Apesar da idade, ele subia na pedra com bastante desenvoltura.

– Aqui já dá pra ligar, tenente.

Procurei o telefone do Júlio César no meu celular. Chamei, mas nada dele atender. Tentei mais uma vez e não obtive resposta. Tentei uma terceira vez, e na primeira chamada:

– Pronto, tenente Toledo!

Toledo era o comandante da Companhia de Ouro Preto, havia sido meu comandante de pelotão quando eu fui soldado. Era oficial R2 do exército. Enquadrado como só ele. E, como todo bom ex-combatente do exército, de cada dez palavras que falava, onze eram palavrões.

– Tenente Toledo, aqui é o Farah.

– Ô filho duma puta! Onde você tá, desgraça? Todo mundo preocupado com você, seu porra!

– Estou aqui no Bento. A situação tá complicada.

– Vem pra cá, pro Posto de Comando. O coronel tá aqui tentando organizar esse zaralho, tentando organizar essa zona. Barata voadora do caralho.

– Não dá, tenente. Nós estamos isolados, não tem saída. Era só de helicóptero, mas eles já foram há muito tempo. Não tenho sinal de celular. Estou ligando do alto de uma pedra, de um telefone rural.

– Puta que pariu, Farah! Que merda, hein?

– Comando, tem papel e caneta aí?

– Peraí! Pode falar, fala devagar, porra.

– Seguinte, estou em Bento Rodrigues, com dez militares e um policial civil. No distrito não tem água, não tem luz, não tem sinal de telefone e estamos isolados.

– Que pau de bosta, velho.

– Antes de pousar aqui, fomos a um distrito mais abaixo, retiramos muitas pessoas de lá, mas não sabemos se conseguimos tirar todo mundo. Acho que se chama Paracatu. Tem que mandar alguém pra lá.

– Puta que pariu! Atingiu Paracatu de Baixo?

– Quando levantamos voo deu pra ver a lama passando reto na curva do rio. Ia atingir tudo. A notícia boa é que a escola aqui foi evacuada a tempo, antes da lama atingir.

– E a ruim?

– Preliminarmente, 80% de Bento Rodrigues está debaixo da lama.

– Farah, você tem que vazar daí! A outra barragem vai romper e vai soterrar tudo isso aí.

– Tenente, são mais de quinhentas pessoas. Nós estamos totalmente isolados, não dá pra passar em lugar nenhum. Estou fazendo o levantamento de quantos estão desaparecidos, de quantos precisam de atendimento médico imediato. Mas pelo que estou vendo é muita gente.

– Velho, aqui na mineradora, se não me engano, são 13 desaparecidos. Um corpo já foi encontrado.

Parei por alguns milésimos de segundo, mas prossegui:

– Tem que avisar as cidades rio abaixo. A lama está seguindo o fluxo desse rio que passa em Paracatu. Não para de descer lama aqui, o barulho é muito alto.

– Amanhã cedo vai ter mais de dez helicópteros aí, mas agora não dá pra fazer nada, não dá pra tirar ninguém. Eu não sabia que a situação estava tão crítica aí. O Júlio já desceu levando umas máquinas. Deve ser para abrir caminho, né?

— Mandei o Ferreira dar um jeito nisso, daqui a pouco vou lá conferir como está o andamento. Não dá pra ficar o tempo todo aqui, não, é longe de onde estabelecemos um posto avançado. Eu não tenho rádio lá. Só peço ao senhor uma coisa: se a outra barragem romper, tenta avisar de alguma maneira.

— Farah, o pessoal aqui tá muito preocupado, e pelo jeito a barragem não vai suportar, ela vai romper mesmo. Então já dá um jeito de tirar todo mundo da parte baixa.

— Entendi. Caso a gente não consiga abrir a estrada durante a madrugada, pede para o pessoal trazer água. Não temos água nenhuma.

Desliguei o telefone. Pensei em ligar pra casa, não para dar notícia, mas imaginei que precisava falar uma última vez, pois pelo que o tenente Toledo havia me passado, não daria tempo de muita coisa. Cheguei a digitar os números, mas apaguei. Lembrei que eu havia prometido que iria tirar todas aquelas pessoas dali, inclusive eu. Então, se eu tivesse que falar com alguém em casa, seria pessoalmente, e não por telefone. Eu ia dar um jeito naquilo.

Ia passando o telefone para o seu Zezinho quando o Lopes me interpelou:

— Senhor tenente, será que eu posso ligar pra Branca? É que eu tinha saído pra comprar pão quando recebi o chamado e não deu tempo de avisar, não.

— Tá de sacanagem né, Lopes? Já é quase meia-noite, sua esposa deve estar louca em casa, ainda mais com menino pequeno. Liga logo, cara.

Me afastei dele e fui para perto do seu Zezinho. Eu estava preocupado, tenso com toda aquela situação, precisava agilizar a retirada daquelas pessoas dali.

— Fica tranquilo, senhor tenente. Deus vai guiar o senhor pra tirar todo mundo daqui.

– Assim seja, seu Zezinho.

– Depois o senhor ainda vai voltar lá em casa pra gente tomar aquele cafezinho.

– Combinado.

Lopes voltou meio sem graça, fazendo um sinal de positivo. Pelo jeito tinha dado tudo certo com a Branca. Descemos do "pedrão" e começamos o nosso retorno à cidade. A retirada das pessoas não me preocupava mais, eu sabia que conseguiria, era uma questão de tempo. Eu só precisava saber se a barragem iria suportar o tempo que eu precisava.

Aceleramos o passo para chegar mais rápido ao distrito e quando chegamos, vimos um aglomerado de pessoas próximo a duas senhoras que distribuíam biscoitos e café. As pessoas faziam fila para pegar o pouco que restava. Aquele cheiro de café estava me matando. Havia várias crianças ali, e elas estavam recebendo prioridade, uma demonstração do bom senso que também surge nesses momentos. Já era quase meia-noite e uma das crianças perguntou para a mulher que distribuía o café:

– Moça, tem água? Tô com sede.

O garotinho devia ter no máximo uns 4 anos. A mulher balançou a cabeça negativamente e olhou para as outras moradoras, que também não tinham água para oferecer. Olhei para o meu cantil e o balancei para ver quanto tinha de água. Eu já havia bebido quase toda a água da minha mochila de hidratação no percurso de ida e volta do pedrão. O cantil estava cheio, mas eu não podia deixar aquele menino com sede. Pedi ao Lopes para aguardar:

– Ô amigão, toma um pouco de água aqui.

Ele pegou o cantil e outros "amigões" se aproximaram querendo água também. Não teve jeito, em pouco tempo me devolveram o cantil vazio. Mas nada era mais importante naquele momento que o sorriso deles, seguidos de um:

– Valeu, bombeiro!

O Faria veio rapidamente ao meu encontro quando me viu e, com a expressão assustada, disse:

— A situação é pior do que imaginei, senhor tenente.

— Quantas pessoas, Faria? — Essa era a informação que ele ia me dar.

Ele pegou um papel amassado do bolso com o número e me mostrou.

"54."

Meu Deus, era muita gente. Passei a mão no rosto sem acreditar naquilo. Dei dois passos para cima e voltei. Peguei o papel novamente para ver se era aquilo mesmo. Sim. 54 pessoas estavam desaparecidas.

— Mas isso aqui... Como você fez? Como chegou nesse número?

— Conversamos com todos e acabamos por centralizar as informações. As pessoas vinham até nós para informar quem estava faltando em cada família.

— Você vai fazer o seguinte: assim que conseguirmos abrir a estrada, vamos colocar todos em fila indiana. Você vai conferir e perguntar a uma por uma. Vai separar a fila por família, às vezes tem pessoas nessa lista com o mesmo nome, ou nome e apelido contada duas vezes. Entendeu?

— Sim, senhor.

— Coloca as pessoas em fila, separa por família, pergunta o nome da pessoa desaparecida, o apelido e de quem é filho. No interior as pessoas se conhecem e sabem disso tudo.

— Entendido, senhor tenente.

Aquele número era extremamente alto. Eu estava bastante impressionado.

Acabamos de descer a rua e o seu Zezinho ficou no caminho para entregar o telefone à Dona Maria. Quando cheguei à metade do percurso, vi alguns outros policiais militares no local. Como será que eles haviam chegado lá? Um tenente e um sargento se apresentaram para mim.

– Tenente Farah? – disse o tenente da Polícia Militar. – O tenente Tiago quer falar com o senhor no rádio. Tem um policial nosso do outro lado com ele. Ele disse que é urgente.

Peguei o rádio rapidamente da mão dele.

– Tiago, está no QAP? QAP, Tiago?

– Vou chamar, vou chamar – ouvi uma resposta do outro lado.

– Tiago, está no QAP? – insisti.

– Fala tenente, estou no QAP. – Era ele mesmo do outro lado. Agora as coisas começavam a melhorar e a sorte parecia estar do nosso lado. Eu precisava passar algumas informações para ele, mas não sabia quem mais estava lá.

– Vai num reservado. Preciso falar com você.

– Pronto, tenente. – Ouvi a réplica no rádio do outro policial que estava atrás de mim.

– Passa para a faixa que usamos nas operações – instruí. Assim, quem estivesse naquela faixa de rádio não saberia o que eu falaria com Tiago. Girei rapidamente a rede e ouvi:

– Pronto, tenente.

– Irmão, tem outra barragem pra romper. Estou com mais de quinhentas pessoas aqui. Não tenho água, não tenho comida, estamos sem energia. Totalmente isolados, e essa chuva que começou está fraca, mas parece que não vai parar.

Eram vários problemas, mas ele estava do outro lado e precisava conhecer a situação do lado de cá. Ele respondeu que estava agilizando máquinas por lá, o que me trouxe certo alívio, mas eu precisava alertar sobre o risco que eles corriam ao permanecer ali.

– Tiago, se você quiser retirar todo mundo, cara, pode retirar. Se essa outra barragem romper, você sabe, né?

Ele insistia que ia dar tempo e falou também que já estavam agilizando máquinas do outro lado.

– Tiago, se a outra barragem romper, vaza. Já coloca as viaturas em rota de fuga. Vai precisar de gente pra depois que essa barragem romper, entendeu? Fala com o Júlio que não adianta mandar mais gente pra cá, não. Pede pra ele ficar em cima da empresa para eles estabilizarem essa outra barragem.

Eu confiava demais no Júlio. Sei que, se não fosse ele, ninguém iria se dedicar tanto para estabilizar a barragem que estava na iminência de romper.

– Ok, tenente. Do que o senhor está precisando aí?

– Preciso tirar essas pessoas daqui o mais rápido possível. A prioridade é arrumar mais máquinas aí desse lado. Aqui eu me viro.

Ele me perguntou se precisávamos de água ou comida.

– Não se preocupa que eu me viro. Agora vai lá, vou desligar o rádio pra não acabar a bateria. Se precisar me chamar, apita que eu ligo o rádio. – Antes de desligar, completei: – Tiago, as informações preliminares é que nós temos, só aqui, 54 pessoas desaparecidas. Mas não deixa a informação vazar.

– Recebido, vou agilizar as máquinas. Boa sorte, tenente.

Voltei o rádio para a faixa original e devolvi ao sargento. Então perguntei:

– Como vocês chegaram aqui?

– Viemos por essa mata. Mas o caminho é muito difícil, senhor tenente. Quatro horas de caminhada, terreno acidentado, não dá pra ver nada.

Ele me respondeu daquela maneira já tirando minhas esperanças de evacuar a cidade pela mata. Pois se ele e mais três pessoas demoraram quatro horas para fazer esse percurso, com quinhentas pessoas seria muito pior. Além de que em quatro horas começaria a clarear, e a ajuda de helicópteros viria.

– Tinha gente na mata quando vocês vieram?

– Tinha sim, senhor. Muitas pessoas estavam tentando sair, mas está muito escuro, não tem nenhuma trilha.

Isso poderia ser uma boa notícia. Talvez alguém da lista de desaparecidos estivesse tentando sair pela mata. Mas eu precisava avisar aos policiais o que estava para acontecer. Eles não tinham o mesmo dever que nós, de salvar aquelas pessoas. Me reuni com ele em um canto mais reservado e disse:

— Não sei se vocês têm ciência, mas a barragem de Germano está na iminência de romper. Por favor, não alarde a população. Vocês não têm obrigação de ficar aqui, mas eu precisarei de toda ajuda possível. Então, caso vocês queiram voltar pela mata, é um direito de vocês. Caso contrário, vou agradecer muito se puderem ficar.

Nenhum deles titubeou. Todos disseram que ficariam lá para nos ajudar. Àquela altura, as opções também não eram muito boas. Era ficar ou ter que andar mais quatro horas de volta, correndo o risco de ser atingido pela lama. Mas foi muito bom ouvir de imediato que todos estariam juntos para nos ajudar a resolver aquela situação.

Agradeci a todos eles e já fui passando uma missão.

— Preciso que vocês passem um pente fino na cidade. Vocês vão percorrer da parte mais baixa até a mais alta, levando todas as pessoas que encontrarem. Ninguém deve permanecer na parte baixa. Caso a barragem rompa, correremos muito perigo estando lá. Portanto, vocês também devem fazer isso o mais rápido possível. Entendido?

— Sim, senhor — responderam em coro.

Saíram de imediato para a parte mais baixa, a fim de retirar todas as pessoas que se encontrassem lá.

Poucos metros abaixo, vi as luzes de uma máquina trabalhando. Eles haviam conseguido a retroescavadeira. Agora era questão de tempo até abrirmos uma estrada. Me aproximei dos militares e vi o Ferreira observando o tratorista trabalhar.

— E aí, Ferreira?

— O senhor não tem noção do trabalho pra arrumar essa máquina...

Eles tinham saído para colher algumas informações com os moradores, perguntando se tinham conhecimento de alguma trilha ou algum acesso à cidade. A maioria explicava que as duas estradas que davam passagem ao distrito tinham sido encobertas pela lama, mas alguns disseram que existia uma trilha. Porém, era preciso andar cerca de três horas para chegar a uma estrada e mais uma hora para chegar até outro vilarejo. Eles também avisaram que essa trilha seria inviável para retirar de Bento alguém que necessitasse de atendimento médico. No entanto, era a única opção.

Ferreira decidiu seguir por essa trilha. Tinham andado cerca de um quilômetro quando encontraram um rapaz que havia seguido pela trilha mais cedo, junto com alguns moradores, e que agora estava retornando. Não queria deixar seus familiares que não tinham condições de andar tanto tempo no meio do mato. Eles conversaram com o jovem e perguntaram sobre a trilha. Ele disse que à noite era muito arriscado, pois parte da trilha era de mata densa, com muitos buracos, terreno íngreme, e ainda poderiam ficar perdidos. Disse que ele mesmo não arriscaria ir à noite, mesmo conhecendo bem o caminho, e mostrou a perna machucada, resultado de uma queda enquanto avançava. Então Ferreira acabou descartando essa possibilidade e retornou pela trilha com o rapaz, conversando em busca de uma alternativa.

Enquanto Ferreira me contava todo o seu drama para conseguir a retroescavadeira, eu prestava atenção no operador da máquina, que demonstrava muita dificuldade em abrir o caminho no meio de toda aquela lama.

Ferreira prosseguia empolgado na sua narrativa. Além de ter localizado um trator da mineradora numa obra da companhia de saneamento, ele também havia encontrado um tratorista aposentado que, apesar de um pouco apreensivo por ter que operar a máquina – afinal, já não subia em um trator havia muito tempo – e abatido por ter perdido a casa para a lama, decidiu ajudar.

– Essa história vai dar um livro, Ferreira.

Olhei para trás e vi os policiais subindo com algumas pessoas que estavam na parte baixa. Várias delas eram crianças e idosos. A chuva fina que continuava a cair deixava a noite mais fria e acabava por levar as pessoas a sentirem ainda mais falta de suas casas, agora destruídas.

Um policial se aproximou de mim:

– Tenente, a parte baixa foi evacuada. Não tem mais ninguém lá, não.

Fiz um sinal de silêncio para ele. Ouvi que algo estava sendo dito num rádio a certa distância, mas não pude entender. Liguei o meu rádio e ouvi um apito do outro lado da margem. Olhei para os outros policiais que tinham recebido a mensagem, e as pessoas que estavam próximas a eles começaram a correr. A confirmação veio via rádio e não me trazia boas notícias:

– Germano rompeu! Germano rompeu!

CAPÍTULO 7

JÁ QUE NÃO TÍNHAMOS TEMPO, PRECISÁVAMOS TER SORTE

(TENENTE JÚLIO CÉSAR)

A ordem tinha sido clara: eu precisava ir para o Posto de Comando. Não haveria muita coisa para fazer lá e eu estava contrariado de ter que ir, mas era uma ordem, então eu a iria cumprir.

Eu bem que havia tentado chegar ao outro lado da margem, mas sem um helicóptero seria impossível.

Entrei na viatura e peguei a estrada de terra. Percorrer aquele trecho com uma viatura do tipo ambulância era uma tortura. Mas eu precisava mesmo voltar ao Posto de Comando para repassar as informações ao tenente-coronel William e ao tenente Toledo, que estavam coordenando as ações de lá.

O caminho foi de um silêncio mortal, ninguém falava nada na viatura e eu mantinha meu pensamento em Bento Rodrigues. O Farah estava lá, mas eu sabia que ele precisaria de ajuda. Era muita lama para descer, outras barragens ainda poderiam se romper e eu conhecia bem a região. Precisava voltar rápido, além de ter de encontrar as escavadeiras para abrir o acesso.

Jamais imaginei que vivenciaríamos uma situação daquela novamente. Farah e eu comentávamos no mestrado, poucos dias antes, que dificilmente voltaríamos a pegar uma ocorrência como a da barragem da Herculano até o fim das nossas carreiras. E lá estávamos os dois, em uma ocorrência muito maior e muito mais complexa. Ele estava totalmente isolado e com certeza havia pessoas com ele precisando de ajuda. Eu tinha que dar um jeito de ajudar a tirar todo mundo de lá.

– Tenente! O camarada está perguntando aqui.

Meu pensamento estava longe. Só depois que o motorista me chamou é que percebi que já estávamos na porta da empresa.

– Quê?

– Qual o número de bombeiro do senhor?

– Cara, me ajuda aí, todo mundo morrendo e você quer saber meu número de bombeiro. É tenente Júlio César! Vamo! Entra, entra logo!

Na verdade, minha cabeça estava tão longe que não lembrei o meu número, me deu um branco total.

Quando chegamos ao estacionamento, havia uma quantidade enorme de viaturas da Polícia Militar e do Corpo de Bombeiros. Fui até o prédio central e, logo à direita, vi o tenente-coronel William em uma sala com várias pessoas.

Pedi permissão para entrar e o coronel William me mandou sentar, enquanto um rapaz da mineradora falava:

– Não tem como precisar. Mas o fator de segurança de Germano está abaixo de 1,3.

– Ok! Mas e o que isso quer dizer? – perguntou o tenente Toledo, meio impaciente.

– Quer dizer que ela vai romper a qualquer momento – respondeu o rapaz, olhando para baixo e já lamentando por todas as prováveis vítimas.

– O Farah está lá, comandante. Ele e mais alguns bombeiros.

Nesse momento, todos começaram a conversar impacientemente na sala.

Olhei para o coronel William. Ele era muito centrado, já estava pensando em uma maneira de resolver a situação o mais rápido possível.

Nesse meio tempo, outros militares do Pelotão de Busca e Salvamento chegaram ao Posto de Comando, e, assim que os vi, pedi permissão ao comandante para designá-los para a área de trabalho.

– Boa noite, senhor tenente, subtenente Selmo – disse ele se apresentando a mim, e eu imediatamente respondi:

– Selmo, desce para o acesso de Bento, que o Tiago Costa está lá sozinho. Tenta arrumar uma máquina escavadeira para ajudar a abrir um acesso, que eu já estou indo.

Assim que voltei para a sala, ouvi o tenente Toledo falando:

– Estou com ele na linha, espera um pouco. Estou com o Farah na linha!

Todos silenciaram. Assim que o tenente Toledo desligou, ele disse:

– Comandante, a situação é crítica. O Farah está com mais de quinhentas pessoas totalmente ilhadas em Bento Rodrigues. Ele disse que antes de pousar em Bento, voou até Paracatu de Baixo e tentou evacuar o distrito. Disse que a cidade com certeza também foi atingida.

– Meu Deus! Já chegou em Paracatu de Baixo? – perguntou alguém da mineradora.

O coronel William então perguntou ao engenheiro:

– Se a outra barragem romper, quanto tempo teremos até atingir Bento Rodrigues?

– O cenário mudou muito, coronel, mas acredito que não mais do que dez minutos – disse o engenheiro.

– E onde seria um local seguro para eles ficarem se a barragem romper?

Um silêncio pairou no ar. O engenheiro parecia se recusar a responder.

– Se romper, vai pegar todo mundo.

Rapidamente, o coronel William designou as ações.

– Júlio, desloca para Bento Rodrigues e tenta ajudar o Farah a abrir um acesso e tirar essas pessoas de lá. Toledo, acerta com o pessoal para mandar uma viatura até o município de Paracatu de

Baixo, para ver como está a situação por lá, e designe alguém para avisar outros municípios a jusante.

– Sim, senhor – respondi rapidamente, já saindo da sala.

Vi um funcionário da mineradora que conversava com o Selmo do lado de fora, e me dirigi até ele.

– Senhor tenente, esse é o Álvaro. Pedi as máquinas, e elas já estão descendo – disse o Selmo.

– Álvaro, preciso de uma dessas caminhonetes para ir até Bento. Essa minha viatura não é 4x4, e estou com dificuldade de andar na lama.

– Tenente, para ligar essas caminhonetes é necessário um cartão especial, e no momento não temos esse cartão, pois os motoristas foram dispensados.

– Onde coloca esse cartão? Aqui? – perguntei, apontando para uma caixa de onde saía um fio que parecia levar a uma central.

– Isso, essa caixinha monitora a velocidade, quem é o motorista etc. Se dirigir sem o cartão, ela fica apitando bem alto, um barulho ensurdecedor – disse Álvaro, argumentando que não dava para liberar sem o cartão.

– E se eu desligar a caixinha? Se eu cortar o fio?

– Bom, aí não apita.

Não tive dúvidas: peguei um canivete, cortei o fio e dei partida na caminhonete. Sem nenhum barulho.

– Vamos embora. Entra aí, temos que descer.

Todos entraram nos seus carros e nos deslocamos em comboio com duas máquinas de grande porte. Tínhamos que chegar o mais rápido possível, antes que a outra barragem rompesse. Já que não tínhamos tempo, precisávamos ter sorte.

CAPÍTULO 8

OBRIGADO PELO CAFÉ!

Os cursos que fazíamos nos davam muitas noções operacionais, mas não adianta estudar e não colocar a teoria em prática. Desde o 11 de Setembro, quando dois aviões atingiram as torres gêmeas nos Estados Unidos, os estudos de gestão de desastres tinham avançado muito. E quase todos eles eram unânimes em dizer que o calcanhar de Aquiles de uma operação de gerenciamento de desastres é a comunicação. Nas Torres Gêmeas, por exemplo, enquanto alguns comandantes do Corpo de Bombeiros estavam no interior dos edifícios, pensando que a colisão do avião havia sido um acidente, outros combatentes, do lado de fora, já sabiam que aquilo se tratava de um atentado terrorista.

Essas divergências nas informações levaram a decisões que não podem ser avaliadas como erradas, mas sim como decisões que foram tomadas com base nas únicas informações existentes até aquele momento. Não se poderia tomar uma decisão precisa com base em informações que não se conhecia. Por isso era imprescindível que as informações vitais tivessem o que eu gosto de chamar de "os 3 Cs". Elas deviam ser conferidas, confirmadas e certificadas.

Quando baseamos nossos planejamentos em informações frágeis, acabamos por dispensar muita energia com ações operacionais que não surtem efeito algum. Lembro de um empenho nosso na região serrana do Rio de Janeiro, durante as fortes chuvas que atingiram a região em 2013. Testemunhas tinham dito que um morador de uma das casas soterradas havia sido socorrido por populares durante o deslizamento. Eu e o major Henault, do Corpo de Bombeiros do Rio de Janeiro, procuramos esse senhor por quase dois dias inteiros e não o encontrávamos em nenhum hospital ou em lugar algum.

Ao fim das operações, precisávamos encontrar 32 pessoas que estavam soterradas, e acabamos encontrando 33. Uma das pessoas foi esse senhor desaparecido, que até então se pensava ter sido socorrido por uma caminhonete.

Quando recebi pelo rádio a mensagem de que Germano havia rompido, minha primeira preocupação foi saber se todos estavam na parte alta da cidade. Como o alerta havia sido dado pelo rádio da Polícia Militar na faixa aberta, o desespero foi total. Várias pessoas saíram correndo, algumas entraram no mato, outras subiram nas casas que restavam para ficar mais no alto. Quando ouvi o alerta do Tiago, uma das minhas preocupações foi a de certificar que aquela era uma informação verdadeira:

– Tiago, de quem é a informação? É do Posto de Comando?

– Não sei. Espera aí que vou verificar.

Eu sabia que esse fluxo de verificação de informações iria demorar. Provavelmente o Posto de Comando também havia recebido o alerta e também faria a mesma coisa, procurando saber de onde ele tinha vindo. Até eu receber uma confirmação fidedigna, muito tempo iria se passar. Resolvi apitar cinco vezes para que os militares se reunissem e eu pudesse repassar informações.

– Tenente, o Posto de Comando também recebeu a informação, mas disse que não foi da Polícia Militar que ela saiu – informou Tiago.

Saber disso me deu um alívio, pois já que aquela não era uma informação certa, teríamos alguma chance de sobreviver. Embora, ainda que pudesse ser apenas um boato naquele momento, ele logo poderia se tornar realidade.

– Só vou tomar alguma atitude mais drástica quando tiver informação vinda do Posto de Comando. Mas, independente disso, vou levar todos os moradores para o alto da cidade, e seja o que Deus quiser.

– Vou aguardar retorno e passo para o senhor.

– QSL. Dessa vez vou deixar o rádio ligado e pode me chamar.

O tenente Abel foi o primeiro a chegar:

– Rompeu?

– Não sei, Abel. A informação não está confirmada, mas todos ouvimos o alerta pelo rádio.

O restante dos militares havia chegado, e fui o mais breve possível.

– Houve um alerta pela rede de rádio sobre o rompimento da outra barragem. A informação não veio do Polícia Militar, mas preciso que todos parem o que estão fazendo e levem as pessoas para a parte mais alta da cidade. Se o alerta se confirmar, eu apito três vezes. Somente a equipe do Ferreira vai permanecer para agilizar essa saída da cidade, abrindo a estrada.

O Ferreira, já nervoso, me disse que o trabalho no trator andava lento demais.

– Então assume você lá. Aprende a pilotar esse jirico e abre essa estrada.

Eu tinha certeza de que tudo que o Ferreira queria era uma autorização para fazer aquilo.

Após a breve reunião, procuramos acalmar as pessoas, principalmente aquelas que também tinham escutado o alerta, e mostrar que ele não era verdadeiro, mas não podíamos dizer que não havia mais risco. Na verdade, aquela era uma operação quase suicida, pois ninguém em sã consciência e com um tempo maior para raciocinar faria o que estávamos fazendo. Com certeza, se qualquer uma daquelas pessoas pudesse, teria entrado no helicóptero e saído dali. E, se fosse possível, essa seria nossa primeira opção: retirar todas as pessoas dali de helicóptero.

Com a quantidade de torres de energia derrubadas, sem iluminação alguma e sem um conhecimento maior do local, seguir a trilha da mata era tão ou mais perigoso do que tentar abrir um caminho no que restou da cidade. Naquele momento, eu já não conseguia pensar em outra alternativa a não ser concluir a abertura daquele caminho.

O problema é que aquele falso alerta levou as pessoas a um desespero maior; várias delas fugiram mato adentro, e nós as perdemos de vista. A situação era caótica, muitos não paravam de chorar, esperando pela morte certa – pois, naquelas condições e com aqueles recursos, ninguém acreditava que conseguiríamos abrir a tempo aquele caminho para a fuga.

Por um instante, lembrei da cidade que tentamos evacuar mais cedo. Será que aquelas pessoas haviam permanecido no alto do morro? Será que a lama havia subido muito? Quantas pessoas estariam desaparecidas naquele local? Era frustrante não saber se havíamos concluído a missão. Eu tinha certeza de que várias pessoas deviam estar desaparecidas lá, mas não havia nada que pudéssemos fazer naquele momento.

Tentei não pensar naquilo que não poderia mais mudar e focar apenas em Bento Rodrigues. Foi quando um cheiro de café laçou meus pensamentos.

Uma senhora bem franzina, arrastando os pés por aquela rua de calçamento que me fizera tropeçar várias vezes andando de um lado para o outro, veio com uma xícara típica daquelas que vemos nos interiores de Minas e uma pequena garrafa térmica. As manchas na garrafa mostravam que ela já recebera vários cafés coados, que escorreram pelas suas paredes; muitas visitas deveriam ter passado por ela. Então, a senhora se aproximou com um sorriso humilde no rosto de quem tinha poucos dentes e muitos anos:

– O senhor aceita? Fiz para os bombeiros.

O que mais me espantou foi que, enquanto várias pessoas saíam em desespero por causa do alarme falso, aquela senhora parecia estar serena, tranquila o bastante, sem se preocupar com todo o caos a nossa volta. Era uma demonstração de pura gentileza, altruísmo, preocupação com o outro, experiência e respeito. De certa forma, esse gesto simples de uma moradora, uma vítima daquela situação, mexeu comigo, com meus pensamentos, e por um breve instante me esqueci de que estávamos correndo contra o tempo.

Como bom mineiro e amante de café, eu sabia que seria uma desfeita muito grande recusar um cafezinho no interior de Minas. Aquele café poderia ser a última bebida de várias pessoas que estavam ao nosso redor, ainda mais depois daquela notícia e sem sabermos o que viria a seguir. Mas a pergunta daquela senhora não me pareceu somente um convite para um café, era também a sua oferta de uma bênção para mim, que com certeza já demonstrava um cansaço mental e uma preocupação acumulada em poucas horas talvez muito maiores do que ela mesma tivera em toda uma vida vivendo em um local tão tranquilo como aquele.

Naquele instante, o rádio voltou a chamar:

— Tenente Farah, está no QAP? — era a voz do Tiago, dessa vez bem mais tranquila.

— QAP!

— Tenente, alarme falso! A barragem de Germano ainda não rompeu. Já foi verificada pessoalmente por uma equipe de bombeiros, mas, pelo que os técnicos disseram, ela não vai suportar.

— Você sabe quanto tempo nós temos? — perguntei, com a esperança de que durasse pelo menos até o dia amanhecer, pois assim teríamos os helicópteros para nos auxiliar.

— Tenente, pelo que falaram... É melhor o senhor sair daí rápido.

— Quanto tempo, Tiago?

— A qualquer momento, tenente.

Eu não sabia o que dizer. Na verdade, não havia o que dizer. A única coisa que eu poderia fazer era agilizar nosso acesso e esperar que alguém do outro lado da margem também nos ajudasse.

– Tiago, vamos continuar a abrir o acesso deste lado. Pelo tamanho que falaram que a outra barragem tem, ela também deve atingir vocês aí. Então, repito novamente que quem quiser, vá embora. E se alguém ficar, ajuda a abrir o acesso daí!

– Está doido, tenente? Eu só saio daqui quando passar pra esse lado. O pessoal do pelotão está aqui, o tenente Júlio César também, e só sai todo mundo junto.

– Ok, Tiago. Mas avise aos outros que quem quiser pode ir para um local seguro.

– Todo mundo já vazou. Só ficamos nós mesmo e os dois camaradas malucos da mineradora. Só os loucos.

– Ok. Vou continuar o trabalho aqui, qualquer coisa chama pelo rádio!

Acabei rindo da fala do Tiago. Realmente éramos um bando de loucos. Quem, em sã consciência, iria ficar ali esperando um mundo de lama desabar? Só nós mesmo.

– QSL. Tamo junto, tenente. Vamos sair daqui juntos.

– QSL. Tamo junto, Tiago.

Não tive tempo de colocar o rádio na cintura e a xícara de café já estava cheia e vindo na minha direção. Eu não tive outra reação senão agradecer por aquele gesto que agora estava me recarregando e me dando ainda mais forças para concentrar meu pensamento em solucionar aquela situação.

– Obrigado, minha senhora. Isso já é o suficiente. A gente divide aqui com todos os bombeiros.

Aquele cheiro de café se espalhou pelo ar e foi quase mais eficiente que os cinco apitos que usamos para reunir a tropa. Todos se juntaram em torno daquela xícara e, como em um ritual, passávamos de mão em mão aquela que poderia ser nossa última refeição. Lembrei:

"Sempre que der, coma."

Após um breve gole, aquela sensação tão familiar logo me permitiu organizar as ideias e firmar meu pensamento na única coisa que eu poderia e deveria fazer naquele momento: retirar todas aquelas pessoas dali.

Devolvi a xícara e agradeci com um largo sorriso.

Avisei a todos que o alerta era falso, mas que não tínhamos muito tempo. Fui até o local onde o trator estava trabalhando e vi por que aquele senhor relutava em trabalhar ali. O trator patinava na lama, escorregava de um lado para o outro, não havia iluminação adequada, as poucas luzes que havia no local eram as das lanternas dos bombeiros, que iluminavam um caminho estreito que parecia ser a melhor opção para abrir uma saída daquele lugar. Mas o trator por vezes saía do caminho e quase caía na vala, e nesse momento aquele senhor, com uma mistura de sentimentos como medo, impotência e irritação, desceu do trator e disse:

— Olha, é impossível fazer esse serviço que vocês querem. Eu não vou dirigir isso mais não!

Olhei para o Ferreira e acenei com a cabeça. Ele entendeu de pronto o que deveria ser feito. O pouco tempo durante o qual ficou observando aquele senhor trabalhar foi suficiente para ele aprender a usar a máquina como se dirigisse um caminhão de bombeiro, coisa que ele já fazia havia mais de vinte anos.

O Ferreira sentou na cadeira, a ajeitou de maneira que ficasse confortável, mesmo naquela situação desconfortante, tirou as luvas cheias de lama, aliviou a jugular do capacete, conferiu o câmbio para ir para a frente, viu como engatava a ré e, a partir dali, foi como se ele e o trator fossem um só. A facilidade com que ele escavava e retirava aquela lama toda, com que ele ia abrindo o caminho em meio àquela quantidade de destroços deixou todos surpresos. Todos pararam de falar e só tinham olhos para vê-lo trabalhando. E, da sua maneira, sem parar de falar um segundo, ele disparou:

— Comando, agora está comigo. Pode deixar que eu vou arregaçar essa bagaça aqui! Aprende aí, Magal. Se eu não der conta, você vem aqui e termina!

E assim foi, sem parar de trabalhar. E sem parar de falar.

No outro lado do mar de lama eu podia ver as luzes de uma máquina se movimentando e também as luzes de vários carros e viaturas indo embora. Normal. Só um bando de malucos para permanecer naquele local.

Não tínhamos ideia do que estava a nossa frente, da quantidade de lama e do que estava misturado a ela, muito menos de qual era o melhor caminho que devíamos abrir. Não havia luz, e o farol da retroescavadeira era suficiente para iluminar apenas a frente da máquina e para retirarmos a lama que se acumulava, vinda de não se sabe onde.

Meu joelho começava a doer, e passei a sentir as fincadas do parafuso que eu tinha dentro do pé. Procurei um meio-fio para me sentar um pouco e levantei a calça para ver se meu joelho estava muito inchado. Assim que ergui a barra da calça e vi as cicatrizes, não pude evitar as lembranças de tudo pelo que já passei.

Aquelas cicatrizes me lembravam dos treinamentos, em especial de um que, mesmo no pós-cirúrgico, resolvi ministrar. Eu ainda estava me recuperando de uma cirurgia no pé, tinha ainda alguns pontos por cicatrizar, mas lá estava eu, no meio da lama artificial. Era curioso pensar agora que a gente demorava quase um mês para tentar reproduzir o cenário de um desastre num curso. Mas essa reprodução se limitava a uns mil metros quadrados de lama. Eram vários e vários caminhões de terra e escombros cuidadosamente colocados no lugar certo para tentar recriar um cenário de destruição. A gente montava uma casa dentro de uma velha piscina desativada na Academia de Bombeiros – tinha cama, televisão, sofá, geladeira, móveis, roupas, comida, bebida, tudo para reproduzir um cenário real, e depois vários caminhões de terra e água eram despejados e misturados na piscina para simular uma situação real. Tudo aquilo que demorávamos mais de um mês para fazer estava ali na nossa frente, acumulado em segundos, com uma proporção que eu não conseguiria sequer conceber.

Em um treinamento, a gente tentava reproduzir ao máximo o estresse de uma situação de desastre. Tentávamos recriar as ocorrências de que já havíamos participado, como a tragédia na Região Serrana do Rio de Janeiro ou o grande soterramento de uma casa com cinco pessoas em Sardoá, no leste de Minas Gerais. Neste último, trabalhamos por dez dias ininterruptos, comendo bananas fritas e café, andando cinco quilômetros todos os dias na lama para chegar ao lugar onde as pessoas estavam desaparecidas. Mas mesmo que tentássemos, algumas situações eram impossíveis de reproduzir. No Rio de Janeiro, por exemplo, nós não tínhamos fardas suficientes, então depois do banho retirávamos a farda suja e dormíamos só de shorts. Quando acordávamos, às 5 horas da manhã, tínhamos que colocar de novo a farda molhada e suja de lama. Era como uma navalha cortando nossos corpos. Tínhamos que andar por algumas ruas até chegar aos locais de intervenção e, em um dos dias, num sábado, ao retornar de seis horas de trabalho braçal, passando por uma das ruas, vimos algumas pessoas fazendo churrasco, tomando cerveja e rindo. Aquilo me matou. Seis dias trabalhando mais de quinze horas direto, comendo ração de campanha e não poder participar de algo como um churrasco era pesado. Mas tínhamos que cumprir nossa missão.

As pessoas às vezes não entendem isso, mas o que fazemos não é para nós. Quando você vê um bombeiro nadando por horas no seu descanso ou correndo durante um treinamento físico, ele não está fazendo aquilo por ele. Um maratonista, por exemplo, treina dias e dias para que possa bater seu próprio tempo, ganhar prêmios. Mas nós, não. Nós treinamos para os outros, corremos para salvar alguém, treinamos duro para subir vários andares e resgatar pessoas de incêndios. Nós não vencemos corridas e competições para nós, nós vencemos para os outros. A gente compete para que os outros ganhem outra chance e para que não percamos vidas. Por isso o treinamento tem que ser extremo.

Nós fazíamos com que os alunos chegassem ao seu limite, ou pelo menos tentávamos lhes dar essa oportunidade. Era preciso conhecer os limites de frio, fome, sono e sede de cada um de nós. É importante conhecer e até atingir um desses limites. Já vi alunos queimarem a sola dos pés por dormirem perto de uma fogueira, tamanho era o frio que sentiam. Já vi alunos comendo colheradas de margarina porque não tinha outro alimento disponível. E já vi muitos alunos desistirem, muitos mesmo. Trabalhar em operações em desastres não é para qualquer um, e muitos desistiam, muitos batiam o sino. Tantos outros não desistiam, mas não tinham o altruísmo necessário para trabalhar nesse tipo de operação. Será que dariam o pouco de água que tinham a quem necessitasse? Será que abririam mão de ficar com a família no Natal para procurar uma criança que nunca tinham visto, desaparecida na lama? Será que sairiam do conforto do seu lar sem dia e hora para voltar, muitas vezes sem saber qual seria sua missão? Será que ficariam ilhados com mais de quinhentas pessoas sabendo que poderiam morrer a qualquer momento?

Muitos dizem que sim, mas as circunstâncias haviam reunido alguns poucos homens naquele lugar para tentar cumprir aquela missão, e, querendo ou não, a vida de todos eles era responsabilidade minha. Não apenas a vida daqueles mais de quinhentos moradores. Havia onze pessoas que decidiram ficar em Bento Rodrigues porque confiavam em mim, e provavelmente outras dez do outro lado, que estavam buscando um jeito de abrir um acesso para nos tirar dali com vida. Mas se tudo aquilo desse errado, eu sentia que a responsabilidade seria minha. Assim que a barragem de Germano rompesse, não teríamos chance de escapar, e o peso da culpa cairia sobre mim. Várias famílias, incluindo a minha, iriam se perguntar por que decidimos ficar ali se poderíamos ter saído naquele helicóptero, ter optado por ficar do outro lado do mar de lama. Mas é isso que um bombeiro faz: ele não só precisa encontrar as soluções para cada situação, como também levar tranquilidade para todos os envolvidos. Quando as pessoas nos veem, elas têm a certeza de que vamos resolver a situação, seja ela qual for. Se nós não estivéssemos naquele local, provavelmente um caos bem maior estaria instalado ali, mais pessoas teriam entrado em desespero e, sem preparo e treinamento adequado, buscado soluções arriscadas que poderiam lhes custar a vida.

Então eu precisava manter a calma e o raciocínio claro acerca de tudo o que deveríamos fazer para que as pessoas ali não se descontrolassem e sofressem mais. Olhei para os militares, que ainda apreciavam um pouco daquele café, e pensei outra vez em como eu tinha sorte de ter aqueles camaradas ao meu lado num cenário como aquele. Eles são caras fenomenais e leais. Não procuravam saber quanto receberiam a mais pelas horas extras treinando em situações extremas, nem se ausentavam quando era necessário entrar em ação num dia de folga ou numa ocorrência complexa e arriscada como aquela. Posso dizer que fazem porque amam, e isso vale muito.

– Tudo bem, tenente? – perguntou o sargento Lopes, enquanto eu massageava o parafuso encravado no joelho.

– O quê? – perguntei, voltando para a realidade daquele momento.

– O joelho, o pé? Tudo beleza?

– Sim, só conferindo se está tudo no lugar – respondi, brincando e tentando disfarçar o incômodo que sentia.

Levantei com certa dificuldade, pois a perna já estava um pouco dormente. Acertei o capacete, conferi se a lanterna ainda tinha pilhas carregadas e se o rádio ainda estava com bateria. Quando liguei a lanterna, o foco acabou sendo direcionado para a parte baixa da cidade e assim que atingiu um anteparo, dois círculos pequenos brilharam na escuridão. Apaguei a lanterna e a liguei novamente, e os dois círculos brilhantes viraram quatro.

– Lopes, você está vendo aquilo ali? Lá no foco da lanterna?

– Onde, tenente? Lá embaixo? Sim, estou vendo, está parecendo...

E quando a ficha caiu que eram olhos brilhando ao longe, começamos a correr rua abaixo.

Será que era aquilo mesmo? Será que ainda tinha gente presa na lama? Não dava pra acreditar.

CAPÍTULO 9

NÃO ERA POSSÍVEL

Não era possível que houvesse vítimas lá e nós não tivéssemos percebido enquanto ainda estava de dia, e o céu, claro. Desci a rua o mais rápido que pude. No ímpeto de chegar próximo daqueles olhos, acabei não percebendo que já estava com lama até os joelhos. Tentei localizar mais uma vez aqueles pontinhos brilhantes. O Lopes me acompanhou e também ligou a lanterna. O barulho nas margens do mar de lama era ensurdecedor. Era como se fossem sons de ondas se arrebentando na praia, mas de maneira muito mais intensa. De repente, outros sons se juntaram ao barulho da lama.

Eram gritos, mas não eram gritos quaisquer. O Lopes conseguiu descobrir de onde eles vinham. Estavam ainda a uns duzentos metros da nossa posição, e lá ele viu os olhos brilhantes. Eram cavalos que se debatiam na lama. E logo identificamos vários outros tipos de animais: cachorros, porcos, galinhas, vacas... Todos sendo arrastados pela correnteza. Estavam vivos.

Eu e o Lopes não nos contivemos e começamos a entrar, quando a ficha caiu novamente. Eu não sabia o nível de toxicidade daquela lama, e eles já estavam longe da gente. Então segurei o Lopes, determinando que ele não avançasse mais.

– Não podemos entrar, cara. A gente não sabe como é esse rejeito.

Voltamos para a parte seca e uma vez mais surgiu aquele sentimento de impotência, que tomou conta de nós. Pensávamos em quantas vítimas ainda poderiam estar naquela mesma situação.

Nesse momento, um barulho estridente veio de cima.

Uma onda gigante de lama desceu de maneira forte, elevando o nível do rejeito onde estávamos. Logo imaginei que a outra barragem tivesse realmente rompido dessa vez. Mas o rádio permaneceu mudo.

Saímos correndo em direção à parte alta. Já era tarde da noite. As pessoas dormiam nas ruas. Várias fogueiras iluminavam cada aglomerado daqueles que não tinham mais suas casas. Alguns poucos ainda permaneciam acordados. Dois policiais militares continuavam no alto do morro, segurando o sono, e a cada barulho de destroços se desprendendo e arrastando as coisas, o nível de alerta subia.

Foram momentos tensos, pois não sabíamos o que estava vindo lá de cima. O medo era tanto que ninguém ficou na parte baixa da cidade, a maioria dos moradores estava na parte mais alta, e alguns poucos, próximos da retroescavadeira.

De longe, eu via os faróis se movendo e se aproximando cada vez mais uns dos outros. As máquinas do outro lado da margem eram visivelmente maiores e trabalhavam em um ritmo frenético. Elas se revezavam, pois mal cabiam uma ao lado da outra. De onde estava, eu percebia a dificuldade que seus operadores tinham de trabalhar. Por vezes elas saíam do caminho que estavam escavando e pareciam querer tombar. Em um ritmo mais lento, a escavadeira em que o Ferreira estava não parava.

Eu focava na escavadeira enquanto descia a rua para ver como o nível do rejeito estava na parte mais baixa, e, para meu espanto, ele não parava de subir. Fiz isso duas ou três vezes, e a cada vez percebia o nível mais alto, e junto com ele aumentava a minha angústia.

O rádio em silêncio não me trazia notícias boas ou ruins, nem aquela que eu não queria ouvir. Mas de tempos em tempos eu aumentava o volume para ver se ele ainda funcionava, até que ele apagou. Retirei o rádio da cintura, tirei a bateria e coloquei novamente, tentei ligar e nada. Fui atrás dos policiais à procura de outro rádio.

– Vocês têm outro rádio aí?

– Ô, tenente, a bateria do nosso já acabou.

– Ok – eu não tive coragem de contar que o meu também estava sem bateria.

Agora não receberíamos mais alertas, não conseguiríamos antever nenhuma situação. Mas eu tinha certeza de que se algo desse errado, o Tiago ou o Júlio iriam me avisar. Estávamos todos no limite.

Aos poucos, as luzes dos tratores pareciam ficar mais fracas. Esfreguei os olhos para ver se o sono já estava me confundindo, até que ouvi alguns pássaros.

Estava amanhecendo, por isso os faróis pareciam mais fracos. Então forcei minha vista e percebi que os tratores estavam se aproximando cada vez mais uns dos outros. Chamei o Lopes:

– Lopes! Acho que eles conseguiram! Acho que conseguiram abrir o caminho.

Antes mesmo que ele pudesse confirmar, eu já emendei:

– Junta os moradores. Coloca eles em fila indiana.

O Faria surgiu correndo em minha direção.

– Tenente, estamos conseguindo. Vai abrir um caminho!

Eu mal podia acreditar que estava dando certo. Mas não tinha tempo de parar, refletir, e muito menos comemorar.

– Faria, ajuda o Lopes. Coloca todo mundo em fila indiana. Conta morador por morador. Refaz essa lista. Atualiza. E tira todo mundo daqui o mais rápido possível!

– Sim, senhor.

O Faria, o Lopes e os outros militares saíram em disparada e começaram a chamar todo mundo pelas ruas e casas.

Do alto do morro, comecei a ver os moradores formarem uma fila. Um a um. Mulheres com crianças no colo, pessoas com seus animais de estimação e, lá na frente, os dois tratores se encontrando.

A retroescavadeira que estava em Bento parou. O Ferreira desceu e do outro lado vinha o Tiago. Sim, sem dúvida era o Tiago, com seu jeito desengonçado de andar. Lá de cima, vi o Ferreira parando e prestando uma continência de um jeito que só alguém que cumpre uma missão praticamente impossível presta. O Tiago nem se deu ao trabalho de corresponder à saudação. Deu logo um abraço no Ferreira. Era nítida a satisfação por terem se encontrado.

CAPÍTULO 10

RODOVIA MÁRCIO FERREIRA

(SARGENTO FERREIRA)

Assim que recebi do tenente Farah a determinação de abrir uma saída para aquelas pessoas, eu só conseguia pensar em encontrar uma máquina, uma retroescavadeira, alguma coisa para tirar toda aquela lama de lá.

Fui andando pelas ruas para ver o que tinha sobrado e tentar descobrir onde ficava a estrada que ligava o distrito até o outro lado. Já conseguíamos ver alguns carros e viaturas. Enquanto andávamos, eu, Magela e Magal ficávamos impressionados com a força da lama, pois ela havia destruído tudo, ou quase tudo. Começamos a refazer os caminhos das ruas, mas, sem conhecer o local, era impossível saber qual rua era a saída da cidade.

– Ô, senhor! Pode me mostrar onde era a rua que ligava daqui até o outro lado pra gente tentar abrir um caminho até lá? – perguntei a um morador que devia ter uns 50 anos, apontando para as viaturas do outro lado do mar de lama.

– É aí mesmo onde você está, bombeiro! – ele me respondeu.

– O quê? Aqui? Mas aqui é só lama! Tem certeza que é aqui mesmo? – perguntei, incrédulo, considerando a quantidade de lama sobre a rua e a distância que estávamos do outro lado da margem.

– Aí mesmo. A rua desce uns duzentos metros e depois vira à direita em cima de uma ponte.

– Puta que pariu! Ponte? O senhor está de sacanagem! Tinha uma ponte lá embaixo? – eu estava ferrado. Como se não bastasse refazer a rua toda, eu ainda teria que dar um jeito de achar uma ponte, se ela ainda estivesse inteira. E, se não estivesse, eu teria que dar um jeito de reconstruir a tal ponte. – Beleza chefe, vamos dar um jeito. O senhor sabe onde tem uma máquina, um trator ou algo que a gente possa usar pra tirar essa lama da frente?

– No pátio de obras, lá em cima. Tem um trator lá – respondeu o senhor.

– Valeu, chefe! Bora lá, gente. Vamos achar essa máquina e trazê-la pra cá.

Enquanto caminhava até lá, fiquei imaginando como iria dirigir aquilo. Eu estava acostumado a dirigir caminhão, ônibus, lancha, barco de pesca, mas nunca tinha pilotado um trator. Com sorte, eu acharia alguém que soubesse. Ou então iria aprender ali mesmo, afinal, missão dada é missão cumprida, e se o tenente tinha confiado em mim, eu a cumpriria.

Eu também estava atento à mata, para ver se encontrava uma saída para tirar aquelas pessoas a pé. E foi quando vi o que parecia ser uma trilha.

– Magal, olha ali, irmão, parece uma trilha! Você não quer ir lá ver se dá pra sair do outro lado, não? Eu vou continuar a subir lá no canteiro de obras com o Magela e você me dá o retorno depois.

– Uai, sargento, vou lá agora!

– Beleza, daqui a pouco a gente se encontra aqui, então.

Eu sabia que se tivesse algum jeito de sair dali, o Magal conseguiria encontrar. Ele era como um filho pra mim, é um menino bom demais, um grande amigo que ganhei no Corpo de Bombeiros e com quem eu tinha maior orgulho de trabalhar.

– Ô, Magela, você acha que a gente vai conseguir tirar esse povo todo daqui? – eu sou de falar, na verdade eu falo muito, e naquele momento era preciso extravasar, pois estávamos todos tensos, calados, e achei que bater um papo seria bom pra distrair.

– Então, Ferreirinha, não dá pra saber. Eu sinceramente acho que essa outra barragem vai romper a qualquer momento. Mas, pela cara do tenente, está tudo tranquilo, e é só questão de tempo a gente sair daqui.

– Ô, Magela, esse cara não tem base não. O mundo acabando aqui e ele já pensou em tudo, já dividiu equipe, mandou contar morador... Puta que pariu! Se sou eu, ia juntar todo mundo no lugar mais alto e deixar o pau quebrar. Ia embrenhar nessa mata arrastando menino, mulher, cachorro, cavalo, até chegar a algum lugar.

Magela começou a rir.

– Eu estou falando sério, cara. Você está rindo aí, mas o que você iria fazer? Você é *burrudo* igual a mim. Ia abrir o mato no peito pra sair do outro lado, não ia?

– Eu ia fazer isso também. Se for pra morrer, ia morrer trabalhando.

– Olha a máquina ali, Magela!

Tínhamos avistado a maquininha a cerca de trezentos metros morro acima. À medida que íamos nos aproximando da nossa salvação, conseguíamos avistar melhor o lugar onde ela estava. E, para nossa decepção, vimos que ela estava trancada atrás de um portão de grades com uma corrente e um cadeado.

– Magela, fudeu! O portão está fechado com corrente e cadeado. Será que vamos achar o dono com a chave?

– Você está zoando, né? A gente quase morrendo e você querendo achar a chave do cadeado, Ferreira?

– Não, animal! Estou falando da chave da retroescavadeira. Cadeado a gente faz assim, ó! – peguei uma pedra e dei uma pancada no cadeado. Então descobrimos que ele só estava encostado, e não trancado.

– Agora cê fala pro tenente que a gente achou a chave do cadeado, Ferreira. Como é que eu explico que você é tão burro que arrebentou um cadeado aberto? – disse o Magela.

Alcançamos a máquina, e, para nossa sorte, a chave estava lá. Agora era ligar e aprender a operar aquele monstro amarelo. Comecei a subir a escadinha da máquina e ouvi o Magela dizer:

– Ô, Ferreirinha, toma cuidado pra não entalar esse bundão nesse banquinho aí, hein?

– Você vai ver se eu não vou pilotar isso aqui e abrir uma rodovia nessa cidade! Vai se chamar Rodovia Márcio Ferreira!

Assim que sentei no trator e estava me posicionando para iniciar a operação, vi aquela infinidade de alavancas, marchas e comandos. Eu não conseguiria aprender sozinho, naquela tensão, a pilotar aquilo tão rápido.

– Ô, Magela, está mais complicado do que eu imaginei. Vamos procurar alguém que saiba pilotar isso aqui.

A poucos metros de onde estávamos, havia algumas pessoas reunidas, à luz de velas, e decidimos perguntar se não conheciam alguém que soubesse pilotar aquele trator. Eles apontaram para uma casa na esquina, dizendo que o morador, senhor Antônio, era tratorista e poderia nos ajudar. Fomos nos aproximando da casa, que estava toda escura; não podíamos ver praticamente nada. Quando eu já ia entrar, ouvi:

– Boa noite, bombeiro! Estão precisando da máquina?

– Boa noite, senhor! – respondi, no susto. – Estamos sim. Como o senhor sabe? A máquina é do senhor?

– Eu vi que vocês passaram aqui na rua. Você conversa alto, sargento. A máquina não é minha não. E faz muito tempo que eu não dirijo uma dessas.

Mesmo assim, aquilo soou como música para meus ouvidos. Tudo que eu precisava era de alguém que soubesse operar a máquina. Por mais que já fizesse tempo que ele não dirigia aquilo, devia ser como andar de bicicleta, e com certeza ele iria fazê-lo muito melhor do que eu.

– Opa! Vamos precisar da ajuda do senhor. Queremos abrir um caminho pela lama até o outro lado, onde estão as viaturas. Será que o senhor consegue? Qual é mesmo o nome do senhor?

– Antônio. Vou ajudar vocês.

Então o senhor Antônio subiu com a gente, ligou a máquina, acendeu os faróis, engatou a marcha e começou a pilotar aquele monstro. Eu e Magela aproveitamos para pegar uma carona na traseira. Descemos a rua e logo adiante vimos o Magal, que estava com um olhar não muito satisfeito.

– Ô, Magal, o que é isso, cara? Você está todo mastigado de onça! O que aconteceu?

– Sargento, não tem trilha nenhuma. Não tem luz, caí num buraco, levei picada de abelha e até encontrei uns moradores perdidos e feridos na trilha. Então, decidimos voltar pra cá.

– Tranquilo, irmão. Olha o carrinho que a gente arrumou. Esse aqui é o senhor Antônio. Ele é piloto de Fórmula 1, mas hoje vai pegar um bico de tratorista. Não é, senhor Antônio?

– Uai, *vamo* tentar, né, moço? – disse o senhor Antônio, com um sotaque bem mineiro, difícil de disfarçar.

Ele engatou a marcha, e continuamos a descida. À medida que nos aproximávamos do local, eu percebia que o senhor Antônio não estava muito confortável. A gente consegue perceber pelo olhar das pessoas quando elas têm medo. Eu mesmo estava tentando puxar papo com o pessoal, pra ver se amenizava a tensão, mas percebi que quase ninguém ali queria conversar. Não era pra menos: à medida que passávamos pelas ruas, víamos as pessoas se amontoando e nos seguindo – elas não faziam ideia do que iríamos fazer. Na verdade, nem eu fazia ideia de como iríamos fazer. Eu só sabia que aquela era a solução que o tenente imaginou para tirar aquelas mais de quinhentas pessoas dali.

Paramos. Aparentemente, o senhor Antônio ainda não tinha visto de perto a destruição que o mar de lama causara naquela parte da cidade. Dava pra ver nos olhos dele que a missão era muito mais complicada do que ele poderia imaginar.

– Então, senhor Antônio, é só abrir uma estrada desse ponto até aquele lado de lá.

– Olha, sargento, eu não sei se vai ter jeito, não. Tá muita lama, a máquina escorrega... Além do que tá muito longe. Mais embaixo tem uma ponte que nem parece que tá lá.

Eu percebi claramente que ele não estava com medo. Estava em pânico.

– Então, senhor Antônio, eu vou ficar aqui o tempo todo junto do senhor na máquina. E nós vamos juntos conseguir chegar do outro lado.

Ele pensou, acenou com a cabeça, timidamente, um sinal positivo e começou a trabalhar. Primeiro ele estabilizava a máquina com as sapatas para retirar a terra que cobria a rua, para depois jogar a terra pro lado. Já nas primeiras manobras, eu vi que ele sabia operar o trator, mas não tinha experiência com aquela situação. Ele avançava aos poucos, retirando a terra com cuidado e procurando um lugar mais fácil para despejá-la. À medida que ia retirando o rejeito e avançando, o trator ficava mais instável, deslizava, e o pânico no seu rosto aumentava.

De longe, eu vi o tenente chegando. Ele parecia trazer um sorriso no rosto por termos conseguido encontrar a máquina.

– E aí, Ferreira?

– O senhor não tem noção do rebento que foi para arrumar essa máquina aqui.

Eu comecei a contar toda a nossa jornada para o tenente e também desabafei, pois aquilo já estava demorando demais. Mas, ao mesmo tempo que eu relatava tudo, ficava de olho no senhor Antônio.

– Essa história vai dar um livro, Ferreira?

– Pois é tenente. Mas esse tratorista não tem guerra não. Está demorando muito.

– O importante é não parar. Fica do lado dele e vê se aprende. Se precisar, você agiliza.

– Vou fazer isso agora! – já falei me afastando, pois aquilo era tudo o que eu precisava ouvir. Agora eu tinha a autorização do tenente.

Eu sempre fui muito agitado, e gosto de fazer as coisas rápido. Já tinha se passado mais de uma hora, e não tínhamos avançado nem cinquenta metros. Aquilo começava a me incomodar. O Magela e o Magal viram que eu estava ficando impaciente. Me aproximei e fiquei pensando que já não achava tão complicado operar aquelas maçanetas e alavancas. Tinha um lugar para a pá carregadeira, outro para a escavadeira, um para girar a maquininha. Mas, mesmo que eu tivesse uma certa noção, com certeza o senhor Antônio ainda era melhor do que eu, e talvez apenas precisasse de mais incentivo. Então resolvi ajudar:

– Senhor Antônio, eu não sei se o senhor está sabendo, mas tem outra barragem que está para romper. A barragem de Germano é dez vezes maior que essa que rompeu. Por isso, nós temos que tirar esse povo todo daqui antes disso acontecer. E ela não vai avisar não. Então vê se o senhor consegue agilizar o processo aí, ou vai todo mundo morrer aqui, vendo o senhor pilotar essa máquina.

Pra que eu fui abrir minha boca? Assim que acabei de falar, o senhor Antônio desligou a máquina, tirou a chave e desceu. Então, passou a chave para uma outra pessoa, e disse:

– Olha aqui, bombeiro, isso que você tá querendo que eu faça é impossível, além de ser um trabalho perigoso, que pode me machucar. Não tem jeito de chegar do outro lado nessa pressa. Pra refazer esse caminho vai levar alguns dias, e pode nem adiantar nada. É melhor esperar amanhã de manhã. Começou a chover agora e vai piorar ainda mais.

Aquilo virou uma confusão. Eu vi que o senhor Antônio tinha passado a chave para alguém, mas eram muitas pessoas amontoadas ali. Agora tínhamos o trator, mas não tínhamos chave, nem tratorista. Os ânimos começaram a ficar exaltados. Magela e Magal se aproximaram para tentar acalmar as pessoas, além de ajudar a encontrar a chave.

No meio daquela confusão, ouvi claramente cinco silvos de apito e, quando olhei para cima, vi uma correria.

– Magal, Magela, corre! Cinco silvos, corre!

Eu sabia que algo tinha acontecido. Os cinco apitos eram o sinal para nos reunirmos. Provavelmente a barragem de Germano havia rompido, e o tenente queria todos nós juntos para fazermos alguma coisa.

Quando chegamos perto do tenente, ele falava pela rede de rádio, e a voz do outro lado parecia ser a do tenente Tiago. Vi todos os militares chegando, um a um, e estava claro que tinha dado merda.

Ele nos avisou sobre um alerta de rompimento da barragem de Germano. Ainda aguardava a confirmação, mas pediu que todos parassem o que estivessem fazendo e levassem as pessoas para a parte mais alta do distrito. Pediu que apenas a equipe que estava comigo continuasse os trabalhos. E eu disse a ele:

– Está difícil lá, comando. O tiozinho não tem guerra nenhuma.

– Ué! Vai lá e assume. Aprende a pilotar esse jirico e abre essa estrada.

– Magal, Magela, comigo! – a ordem agora era clara, e eu ia abrir a Rodovia Márcio Ferreira.

Quando cheguei no local, o senhor Antônio havia voltado para o trator, possivelmente por ter se assustado com o alarme do rompimento. Ele continuou por algum tempo, mas agora tremia, não só de tensão, mas de frio por conta da chuva, que caía sem parar. Muitas pessoas se amontoavam perto dali, por imaginarem que aquela seria a única saída, nossa rota de fuga. Mas, do jeito que as coisas estavam, iríamos mesmo demorar alguns dias para abrir aquela estrada.

Vi o tenente se aproximando; ele abriu os braços olhando com ar de reprovação. Nesse momento, o senhor Antônio desceu novamente da máquina e disse:

– Olha, me desculpem. Mas é impossível.

Eu olhei pro tenente e ele só balançou a cabeça. Subi na máquina, ajeitei o banco e comecei a pilotar aquilo lá. Pareceu que eu já fazia isso havia muitos anos. O pouco tempo que fiquei observando o senhor Antônio foi suficiente para aprender o que precisava fazer, e em pouco tempo eu já avançava alguns metros.

– Olha aí, comando! Agora está comigo. Vou arregaçar essa bagaça aqui. E, Magal, fica de olho pra aprender, porque se eu não der conta é você quem vai virar piloto de escavadeira.

Eu sentia que, se mantivesse aquele ritmo alucinante, daria pra chegar do outro lado antes do amanhecer, ou antes de a outra barragem romper. Mas, de repente, a máquina desligou. Aquele silêncio doeu. Girei a chave novamente e não pegava.

Uma mulher se aproximou e perguntou:

– Moço, o que aconteceu?

– Acabou o diesel, dona. A senhora sabe onde tem?

– Meu marido também é tratorista.

Àquela altura eu já não queria saber de mais nenhum tratorista. Eu precisava era de arranjar logo o combustível.

– Olha só, dona...

– Léia. Meu nome é Léia.

– Então, dona Léia, agora eu preciso de diesel. Eu sou o piloto desse trator agora, mas a senhora pode me levar até seu marido para ver se conseguimos diesel?

Então seguimos aquela senhora até a sua casa, a pouco metros dali.

– Cilinho! Ô, Cilinho! Os bombeiros tão precisando de você – gritou a mulher de fora da casa, para ver se o marido aparecia na escuridão.

De lá de dentro veio saindo um rapaz alto e forte. Chegou perto de mim e se apresentou.

– Prazer, bombeiro. Marcílio.

– Beleza, mestre? Sou o sargento Ferreira. Sua esposa disse que você é tratorista. Sabe onde tem diesel?

– Sou tratorista. Mas diesel eu não tenho não.

– Puta que pariu! Agora fudeu geral! – perdi o controle do palavreado.

Olhei para trás e vi o Magela e o Magal conversando alguma coisa. Balancei a cabeça e fiz sinal para que eles fossem atrás de combustível em outro lugar. Aí, o Marcílio lembrou:

– Tem um ônibus estacionado perto da igreja. Se quiser, a gente pode levar umas bombas até lá pra tentar pegar o combustível dele.

– Só se for agora! – respondi.

Marcílio entrou em casa e voltou com duas bombas de vinte litros cada e uma mangueira. Agora eu começava a gostar daquele cara, assim como gosto de qualquer um que esteja disposto a resolver um problema. Dei um grito para o Magal e o Magela voltarem. Eu não podia vê-los, mas tinha certeza de que eles iriam me ouvir. E em pouco tempo vi os dois se aproximando com lanternas.

– Sargento, o pessoal falou que tem um ônibus perto da... – antes que ele pudesse continuar, eu já emendei.

– E onde você acha que o Cilinho está levando a gente, Magela? Cada um ajuda a pegar uma bombona dessas aí que vamos encher as duas.

Uma vantagem de cidade pequena é que tudo fica perto. Caminhamos um pouco e já dava para ver a igreja.

– Uai, disseram pra gente que a igreja tinha sido destruída – falou Magela.

– Essa é outra. A que foi destruída era de São Bento, que ficava lá embaixo – disse dona Léia, apontando para o local.

Aproximamo-nos do ônibus, e eu rapidamente coloquei a mangueira no tanque de combustível para encher as bombas.

– A Léia disse que vocês estão tentando abrir uma estrada para tirar a gente, né? – perguntou Cilinho.

– Estamos, sim. Mas eu aprendi a dirigir trator hoje.

– Olha, se vocês quiserem, eu posso ajudar. Eu trabalho com isso.

Dona Léia interrompeu:

– De jeito nenhum, Cilinho! Está escorregando demais, está muito perigoso, toda hora o sargento cai numa vala!

Vi que a preocupação dela era grande, mas pelo jeito que ele havia falado, parecia realmente entender do assunto.

– Ô, dona Léia, deixa ele ajudar a gente. A senhora viu que a outra barragem está com risco de romper. Quanto mais rápido abrirmos a estrada, mais rápido todo mundo sai daqui. Ele é bom mesmo no trator?

– Ele é o melhor daqui – dona Léia respondeu, e eu percebi que a tinha convencido. – Eu deixo, mas só se você ficar do lado dele, do jeito que estava com o senhor Antônio.

– Combinado! Nós dois vamos abrir a Rodovia Márcio Ferreira!

Uma das bombas já estava cheia. Entreguei ao Magal e falei para ele ir com o Magela para começar a abastecer o trator. Não podíamos perder nem mais um minuto.

Quando olhei para o outro lado, consegui ver umas luzes fortes se movendo de um lado para o outro. Deviam ser as máquinas que arranjaram do lado de lá. Agora, tínhamos que torcer para que a outra barragem não rompesse antes de terminarmos de abrir o caminho.

O barulho que ouvíamos da lama descendo era ensurdecedor. Como ondas do mar batendo forte num paredão. Ao fundo, ouvi uns gritos estranhos, e perguntei:

– Vocês ouviram isso?

– Ouvi. São os animais da fazenda. Eles não param de gritar – respondeu Marcílio, cabisbaixo.

Eu estava tão impressionado com os gritos que nem percebi quando o diesel começou a derramar na minha mão. Tirei rápido a mangueira, fechei a bomba e fomos correndo até o trator. Fiquei pensando nas pessoas que estavam faltando, se elas estavam vivas, se deveríamos procurar por elas... Mas lembrei da outra barragem prestes a romper. Aí, seriam aquelas mais de quinhentas outras pessoas também gritando na lama.

Assim que completamos o tanque, ele subiu na máquina, a ligou e começou a trabalhar. Dona Léia olhou para mim como se estivesse perguntando se eu não iria subir também. Mas o marido rapidamente disse:

– Léia, é melhor ele ficar aí de baixo pra eu desenvolver mais rápido.

Ela não disse nada, apenas levou as mãos entrelaçadas ao peito com um olhar apreensivo fixo no marido, que começava a trabalhar com maestria. Era impressionante o desenvolvimento do Marcílio, o Cilinho. Não patinava, não escorregava na lama, mexia tudo com uma simplicidade, como se estivesse brincando.

Ri para o Magela e para o Magal, e eles sorriram de volta. Agora vai! Em pouco minutos ele já havia avançado mais de cem metros. Nós íamos descendo a rua junto com ele e a máquina. E atrás de nós vinha uma multidão de pessoas com a esperança de sair daquele local.

Mas, em determinado momento, Marcílio olha para trás de maneira estranha. O que seria agora? Ele desce da máquina e começa a olhar ao seu redor. Eu me aproximei dele para saber o que estava acontecendo, e perguntei:

– O que foi, Cilinho?

– Acho que passamos do ponto. Aqui é terra, não é rua. A ponte ficou lá atrás. A entrada para a ponte foi destruída.

Eu fiquei sem entender direito o que aquilo significava.

– Mas e aí? Fudeu?

– Não, sargento. Nós já construímos a Rodovia Márcio Ferreira. Agora nós vamos construir a Ponte do Marcílio.

– Aí sim, Cilinho! Gostei de ver.

Assim que ele subiu novamente, começamos a ouvir outras máquinas. Pareciam estar bem próximas de nós, a poucos metros de distância, fazendo a curva do que seria a Ponte do Cilinho. Ele engatou a ré e virou exatamente na reta de onde estavam as máquinas do outro lado. A maior proximidade fez Cilinho e quem estava do outro lado trabalharem com ainda mais agilidade. A gente via as máquinas jogando os rejeitos pro lado, como monstros destruindo o mar de lama. Olhei para trás; a multidão aumentava.

O dia começava a clarear, quando comecei a enxergar a silhueta de homens do outro lado. Eram bombeiros. Eu não estava acreditando! A gente ia conseguir tirar todo mundo dali.

Faltando poucos metros, vi o tenente Tiago. Não aguentei de emoção e, mesmo antes de as máquinas concluírem o serviço, fui correndo até ele. Me sujei todo com o rejeito e quase fui atropelado por uma das máquinas. O tenente Tiago também me viu e deu um pulo de onde estava.

Então eu parei. As duas máquinas também pararam. Fiquei na posição de sentido. Prestei uma continência. E foi a continência mais bonita da minha vida. E eu disse:

– Missão cumprida, tenente!

Ele não correspondeu à continência. Ele me deu um abraço.

CAPÍTULO 11

GRATIDÃO

Ao ver aquela cena do Tiago com o Ferreira, tirei meu capacete, segurei-o próximo ao peito e olhei para o céu, que a cada momento clareava um pouco mais. Não pude conter uma lágrima de gratidão por saber que iríamos, sim, conseguir tirar todo mundo dali. Aquele sentimento tomou conta de mim, não sei por quanto tempo, até que uma mão no meu ombro me trouxe de volta. Era o seu Zezinho:

– Seu bombeiro, obrigado!

– Eu que agradeço, seu Zezinho. Agora todos vão ficar em segurança.

Ao lado dele, o rapaz da foice, com o semblante mais tranquilo. De longe, eu conseguia ver as pessoas andando em fila indiana e um helicóptero da imprensa, que já sobrevoava o local, captando as imagens que correriam o mundo e ficariam gravadas em minha memória. Os moradores eram orientados pelos bombeiros e entravam nos ônibus que já estavam estacionados do outro lado da margem.

– Vamos lá. Eu vou levar vocês até o ônibus!

À medida que eu ia descendo pelo caminho, que já se iluminava com a chegada do novo dia, fui percebendo a real dimensão daquela destruição. Quando chegamos ali, no fim da tarde anterior, logo escureceu. Até o amanhecer daquele dia seguinte, eu não tinha noção de como aquela cidade tinha sido destruída. Comecei a ver os vários carros que foram arrastados, escombros de casas espalhados por todos os lados e, infelizmente, mais animais atolados. Ainda havia muita coisa a ser feita.

Nosso trabalho estava apenas começando, pois ainda tínhamos no mínimo aquelas 54 pessoas da lista de desaparecidos para procurar, inclusive o neto daquela senhora que havíamos resgatado no helicóptero.

Quando chegamos próximos do trator, eu me despedi do seu Zezinho. E ele me abraçou com um sentimento de gratidão.

O rapaz da foice me estendeu a mão e, agora com um sorriso no rosto, também agradeceu.

O tenente Tiago veio ao meu encontro e, como não podia deixar de ser, soltou:

— Puta que pariu, tenente! Não estou acreditando nisso! O senhor conseguiu tirar todo mundo daqui.

— Nós conseguimos, meu irmão! Nós conseguimos!

Veio aquele abraço forte de irmão de farda.

Olhei pra trás e me lembrei de como o rapaz da foice estava nervoso no dia anterior, e não pude deixar de falar:

— Ei, irmão! Não falei que eu só ia embora na hora que tirasse todo mundo daqui?

— O senhor não vai vir no ônibus com a gente? — ele perguntou.

— Não. Eu ainda tenho muita coisa pra fazer aqui!

CAPÍTULO 12

HÁ DESTINOS PIORES
QUE A MORTE

Dias depois.

Tirar aquelas mais de quinhentas pessoas de Bento Rodrigues não havia sido uma missão fácil. Porém, nem se compara à tarefa praticamente suicida de pousar em Paracatu de Baixo para resgatar todas aquelas pessoas antes de a lama passar. Mas, para mim, a missão havia sido parcialmente cumprida.

Muitas histórias mexeram comigo, como a do menino Thiago, o garoto que estava junto de sua avó, aquela que o soldado Magalhães havia resgatado de helicóptero. Infelizmente, naquele momento de esforço para resgatá-la, não conseguimos ver o garoto, que acabou arrastado pelo tsunami de lama.

Dia após dia, seu pai, senhor Robertino, acompanhava as buscas e me perguntava:

– Tenente, o senhor acha que podemos encontrar ele com vida?

– Para Deus nada é impossível! – eu dizia. Ou então: – Nós vamos encontrá-lo!

Essas eram minhas respostas. Eu não tinha o direito de desistir. Não tinha o direito de encerrar as buscas, pois a esperança daquele homem estava depositada em mim e nos demais bombeiros. Eu não tinha o direito de abandonar a esperança daquele pai, o direito de fazê-lo desistir do seu sonho.

Mas no quinto dia de buscas a pergunta dele mudou. Foi quando localizamos os destroços da casa. No dia em que encontramos a bicicleta, as roupas e o troféu de futebol enlameado do filho. O senhor Robertino pegou o troféu e limpou o nome que estava grafado nele: Thiago. Eu percebi que ele olhava com orgulho para aquele troféu, que não seria mais carregado por um garoto cheio de sonhos. Então, desviando seu olhar para mim, perguntou:

– O senhor acha que conseguiremos encontrar o corpo do meu filho?

Eu queria achar. O que eu mais queria naquele momento era dar algum conforto e paz para o coração daquele pai, que, já sem esperanças de encontrar o filho com vida, queria apenas encerrar aquele ciclo. Mas como falar isso? Como prometer algo sem saber se seria realmente possível? Eu olhei para ele, acariciando aquele troféu como se fosse o garoto de 7 anos, e respondi com uma certeza tão grande que eu não poderia duvidar.

– Eu prometo. Vamos encontrar o Thiago.

Só quando essas palavras saíram da minha boca percebi o tamanho da responsabilidade que eu tinha a partir dali. Eu e minha equipe iríamos assumir aquilo por conta de uma promessa que eu havia feito. Eu tinha apenas mais dois dias naquele local. No sétimo dia da operação, haveria revezamento das equipes. Eram só mais 48 horas para eu cumprir aquela promessa e atender ao desejo daquele pai.

Recolhemos tudo aquilo que ele queria levar de recordação e voltamos para a base. Fui caminhando na frente, repetindo em pensamento parte da oração do nosso curso:

"Guie meus olhos para que eu possa ver. Guie minhas mãos para sempre encontrar..."

Repetia essas palavras no intuito de receber uma luz, uma ideia qualquer para que eu conseguisse cumprir a minha promessa. Olhei para trás e vi o soldado Assunção caminhando ao lado daquele pai, ambos cabisbaixos.

Aquela cena potencializou o meu desejo de cumprir o que havia prometido. Passei a noite em claro, revendo mapas, estratégias, locais de busca, tentando refazer o caminho que a avó do Thiago havia percorrido até ser resgatada. Mas a área atingida era enorme, e, apesar de todas as técnicas, seria difícil precisar exatamente a área onde poderíamos encontrá-lo. Meus olhos já estavam cansados de olhar para aquele mapa, o café já não me mantinha tão acordado, e acabei por adormecer em cima da mesa.

Na manhã seguinte, despertei sobre o mapa da região, sem ter planejado nada, em meio a canetas, réguas, marcadores e compasso. Honrar o compromisso que eu havia feito com aquele pai se tornou meu objetivo principal, e a tropa já estava praticamente pronta, em condições de iniciar as buscas, mas eu ainda não tinha feito o que deveria. Às 7 horas da manhã em ponto, os chefes de equipe se reuniam comigo para que eu lhes passasse as instruções, e eu não tinha planejado absolutamente nada. Faltavam cerca de cinco minutos e eu realmente não sabia o que dizer e fazer com as equipes. Não podia simplesmente colocá-las para andar por aquela imensidão, sem rumo nenhum. Foi quando me lembrei de uma pergunta que um grande amigo, o tenente Firme, me fez quando foi meu aluno em curso:

— Tenente Farah, se não der tempo de planejar nada, o que a gente faz?

— Segue seu coração. Segue seu instinto — eu respondi naquela ocasião.

Lá estava eu agora, com os chefes de equipe reunidos ao meu redor e com o mapa no chão. Olhei mais uma vez e notei uma mancha redonda, deixada pelo copo de café que eu havia colocado sobre o mapa. Naquele exato local se formaria um remanso, uma espécie de parada do fluxo da lama. Perfeito! Era para ali que eu enviaria as equipes. A mancha de café! Por que não?

Rapidamente, peguei minha caneta e me ajoelhei próximo ao mapa.

– Pessoal, vamos concentrar as buscas neste local – eu disse, refor-
çando o círculo com minha caneta. – Aqui se formou um remanso,
e como vocês sabem é o local onde tendemos a encontrar objetos
que seguiram o fluxo da lama. Quero que as equipes se espalhem nos
quadrantes e comecem a eliminar os locais que foram vasculhados
para que não tenhamos retrabalho.

Ninguém questionou o planejamento, pois, para eles e para mim,
naquele momento, aquilo fazia sentido. Cada chefe de equipe foi
transmitir as informações aos seus militares, enquanto eu preparava
meu material para acompanhar a operação.

Quando desci as escadas do nosso posto improvisado, logo avistei o senhor Robertino, que usava a mesma roupa do dia anterior,
aguardando lá embaixo. Mesmo se tratando de uma área de risco,
eu não poderia privá-lo de nos acompanhar, para que visse todo o
esforço que faríamos e para que tivesse um pouco mais de paz.

Deslocamos as equipes em carros separados. O silêncio era ensurdecedor. Queria que alguém rompesse aquela quietude, quebrasse
aquele gelo, mas eu sabia que todos carregavam um incômodo
gigante por dentro. Muitas perguntas deviam estar sendo feitas
dentro da cabeça de cada um dentro daquelas viaturas. Na minha
cabeça, o pensamento era: "Será que vamos encontrar o Thiago
hoje?". E na daquele pai, certamente era: "Será que vão encontrar
meu filho hoje?".

Uma coisa é quando você não sabe como algo vai acontecer, mas
se sabe que *vai* acontecer. Como numa partida de futebol, da qual
não podemos prever o resultado, mas sabemos que vai terminar. Já
aquela situação era terrível. Imaginar que poderíamos não encontrar
nem o corpo daquele menino era algo angustiante. O que aquele
pai poderia fazer se desistíssemos, ou se por alguma razão tivéssemos
que suspender as buscas? Nós estaríamos desistindo do sonho dele.
É muito diferente de uma atitude própria, que depende e que afeta
única e exclusivamente a você mesmo. Se você desistir de um sonho

seu, quem vai se frustrar é você. Nesse caso, se nós desistíssemos, estaríamos desistindo do sonho daquela família. Nós não tínhamos esse direito.

– Conseguiu dormir um pouco, tenente? – com essa pergunta, o senhor Robertino me trouxe de volta para a viatura.

– Confesso ao senhor que apaguei. Não lembro a hora certa que adormeci em cima do mapa de buscas.

– Dá pra ver. O senhor ainda está com uma marca de régua na bochecha.

Virei o retrovisor central do carro (que não serve de muita coisa nas viaturas com caçamba inteiriça) e vi que eu tinha mesmo o desenho de uma régua no rosto.

Rimos da situação, e o soldado Denílson, para variar e para não perder a piada, acrescentou:

– Pois é, eu até vi que o tenente estava em cima da régua, mas não iria acordar ele. No treinamento, ele já fez muito militar dormir em cima até de panela, então não teria problema ele dormir em cima de uma régua.

E era verdade. Houve um treinamento em que os militares ficaram tão cansados que um deles pegou uma panela e fez de travesseiro. Outro estava com tanto frio que dormiu perto da fogueira e o capacete que lhe servia de travesseiro derreteu, ganhando a forma da cabeça dele.

– Chegamos – disse o Denílson, estacionando a viatura de ré em um local mais acima das áreas de busca, de onde podíamos ver tudo o que acontecia.

Descemos do carro e ficamos de longe observando. A aeronave do Corpo de Bombeiros já estava na região fazendo as buscas aéreas para tentar ter uma visão mais ampla do local e nos ajudar. Os militares já estavam espalhados pelo terreno. Alguns deles se encontravam no local onde fora a casa do senhor Robertino, retirando alguns pertences.

Como aquelas pessoas haviam perdido tudo, nós tentávamos resgatar um pouco da história delas, como álbuns de fotografias, quadros ou objetos que tivessem relevância para essas famílias. Imagine em um segundo você perder toda a sua história, todos os seus registros. Tudo o que você passa a ter é aquilo que está guardado na memória, nas lembranças. Então, qualquer coisa de importância que recuperássemos, poderia ajudar aquelas pessoas a terem uma parte de sua história de volta. Por isso, eu fazia questão de que as equipes tivessem cuidado com os objetos pessoais que encontravam.

Próximo do meio-dia, o senhor Robertino me pediu autorização para se aproximar da casa e ver os objetos que os militares estavam retirando.

– Lógico, pode ir lá. Denílson, acompanha ele, por favor.

Fiquei olhando aquele senhor caminhando em meio à destruição com um olhar vazio, já tendo aceitado que não encontraria mais o filho com vida. À medida que ele ia se aproximando do local, olhava mais cuidadosamente para os escombros, como que na expectativa de, ele mesmo, encontrar o corpo do filho. Ele se abaixava e procurava, levantava e continuava caminhando com a cabeça baixa. Um helicóptero sobrevoava o local. Por alguns instantes, os militares que estavam próximos paravam de procurar e acompanhavam aquele senhor sozinho no meio da lama, caminhando lentamente na esperança de encontrar seu filho. Não foi o cansaço que fez com que os bombeiros parassem, mas a empatia por ver na dor daquele homem uma esperança. Alguns bombeiros desceram e começaram a acompanhá-lo, acredito que na esperança de que o sexto sentido de pai pudesse ser mais forte do que toda a técnica e o conhecimento de busca que eles haviam acumulado em anos de experiência.

– Tenente Farah, no QAP? – o tenente Tiago me chamava pelo rádio, provavelmente para saber se iríamos parar para o lanche, pois já estávamos no horário do almoço. Ele era um dos responsáveis por uma das equipes de busca que procuravam o garoto.

– Prossiga, Tiago.

– Encontramos!

– Sério? Mas tem certeza de que é ele?

– Tenho sim, tenente. Criança, masculino. Infelizmente...

Ele não precisou completar a frase para saber a tristeza que todos nós sentíamos. Mas o alívio de ter encontrado o corpo diminuiria o peso e traria paz àquele pai e àquela família.

– Onde vocês estão?

– Bem no remanso. Naquele círculo que o senhor desenhou essa manhã.

– Ok. Vou avisar o pai.

Voltei os olhos para o senhor Robertino, que aparentemente já havia escutado a notícia pelo rádio de um dos bombeiros que estavam perto dele. Ele caminhou em minha direção e, com os olhos cheios d'água, me deu um abraço.

– Obrigado, tenente. Muito obrigado.

– Me desculpe. Desculpe por não ter encontrado antes.

– Não tem que pedir desculpa não, tenente! Eu só tenho a agradecer.

Aquilo parecia uma loucura. Meu sentimento era de ter falhado por demorar a dar uma resposta àquele pai. Mesmo assim, ele agradecia e me abraçava por termos feito nossa obrigação.

– O tenente está levando seu filho. Em breve o senhor poderá estar junto dele.

Entramos na viatura e fomos em direção ao Posto de Comando. Eu olhava para fora, via aquele mar de lama e toda aquela destruição. Peguei o mapa e olhei para o círculo que havia feito e ficava me perguntando por que não fomos para aquele local logo no primeiro dia. Por que não procuramos lá nas primeiras horas? Será que ele teria uma chance, assim como sua avó? Essas perguntas não iriam trazer o menino Thiago de volta, mas me traziam dor por não ter cumprido a missão da maneira como eu realmente gostaria. Será que erramos em algum momento? Eu errei? Deveria ter colocado mais gente para fazer as buscas enquanto tentava tirar aquelas quinhentas pessoas da rota dos rejeitos da outra barragem que estava para romper? Eu não poderia ter as respostas para tais perguntas, e me incomodava muito não poder reescrever as histórias dos outros para encontrar seus finais mais felizes.

Descemos no Posto de Comando e vi a guarnição do tenente Tiago ali reunida.

O senhor Robertino agradeceu um a um, e não se ouvia nenhuma palavra. Ele agradecia com um abraço, um choro tímido e um certo sentimento de alívio. Após abraçar a todos, ele foi levado para o Instituto Médico Legal para o reconhecimento do filho.

Assim que ele saiu, também abracei e agradeci a um por um. Aqueles caras eram fodas! Estar ao lado deles me inspirava, pois eu sabia que, independentemente das minhas dúvidas e dos próximos desafios que ainda estavam por vir, nós faríamos acontecer.

— Obrigado a todos. Não sei o que faria sem vocês aqui.

— Que isso, tenente! Nós que agradecemos por confiar as missões mais complicadas pra gente — disse o sargento Ferreira. — E outra: depois daquela primeira noite, agora a gente encara qualquer missão.

— Você acha que agimos bem, Ferreira? Se eu tivesse colocado mais militares, talvez...

— Tá doido, tenente? — me interrompeu o tenente Tiago. — Um zilhão de pessoas em Bento... Se a barragem de Germano tivesse estourado, o senhor ia estar pensando nisso agora?

— Tenente — completou o sargento Lopes, com seu jeito bem calmo —, foi o senhor quem convenceu o major a descer em Paracatu. Se não tivessem feito isso, ia ter muito mais pessoas para procurarmos lá agora.

— Nada disso, Lopes — interrompi. — Foi uma decisão de todos. Aqui, ninguém faz nada sozinho.

A ideia de trabalhar como um CORPO sempre foi fator decisivo para as nossas operações. O militar que se vangloria por salvar uma vida jamais saberá o que é realmente se entregar por alguém. A prepotência e a arrogância requerem um nome. O heroísmo prefere o anonimato. Não é um espetáculo, não se deve esperar pelos aplausos. É uma virtude silenciosa. Além do mais, nós somos preparados para isso. Para enfrentar situações extremas. Para mim, a verdadeira heroína foi a Paula, a moradora que pegou sua moto e saiu avisando a todos que a lama estava vindo naquela direção. Inclusive na escola, que àquela hora estava cheia de crianças. Ela nunca foi preparada, não fez treinamento para isso. No momento que pode ter sido o mais difícil de sua vida, ela escolheu ajudar os outros, em vez de simplesmente se salvar, sem ter nenhuma obrigação moral quanto a isso. Certamente, graças a ela e a outros heróis anônimos, a tragédia não foi ainda maior.

Mas ainda havia muitos desaparecidos, e eu tinha prometido a mim mesmo tentar me distanciar um pouco de cada uma daquelas histórias, a fim de não prejudicar o equilíbrio necessário para a operação. Cada vez que eu me aproximava das famílias, das pessoas que procuravam seus parentes, mais eu me envolvia. Participar do comando de uma operação como aquela é como estar diante de duas balanças o tempo todo.

A primeira era a balança do RISCO x BENEFÍCIO. Avaliar uma operação exige saber até onde podemos nos arriscar para o benefício da missão. A outra, mais complexa, é a da RAZÃO x EMOÇÃO. Para um bombeiro, esta necessariamente tem que pender para o lado da razão, por motivos óbvios. Ser racional ajuda a ser técnico o suficiente para saber em que empregar as equipes e os recursos, definir o tipo de busca a ser feita, qual a chance de a vítima estar viva. O grande problema é que, para isso, muitas vezes eu também preciso me aproximar dos familiares e das histórias dessas pessoas, que têm que responder a uma pergunta difícil e que nos faz refletir – não apenas em tragédias como essa:

– Você estava ao lado do seu filho naquele momento?

Algumas vezes ouvimos: "Ele ia fazer aniversário na semana que vem", "Ela ficou noiva semana passada", "Ele não queria sair para trabalhar pois estava gripado, eu deveria ter insistido para ele ficar em casa".

Todas as vezes que acabo me envolvendo emocionalmente com um caso, corro o risco de aceitar um risco maior para mim e para a minha equipe. Por isso, é preciso ter cuidado e se manter um pouco distante, de certa forma. Mas, nessa operação, não pude deixar de me envolver. Não tinha como focar totalmente na razão quando essas histórias começaram a fazer parte da minha vida. Eu até poderia colocar outra pessoa para realizar as entrevistas com os parentes e com os amigos próximos das vítimas desaparecidas e me passar as informações depois, mas, pelas características daquela operação, eu precisava do máximo de detalhes para entender como aquelas pessoas poderiam estar agindo antes de serem surpreendidas por um desastre inesperado, pois isso ajudaria na localização de cada uma delas. Se não mais com vida, ao menos para que aquelas famílias tivessem um conforto, mesmo que não fosse o melhor dos confortos. Eu queria encontrar todos. Eu precisava encontrar todos. E, apesar dos inúmeros treinamentos e das muitas técnicas, ainda não encontrei um manual que ensinasse, na prática, uma lição completa para eu não me envolver com alguns casos.

O bombeiro também é um ser humano: pai ou mãe, marido ou esposa, filho ou filha. Tem família e amigos, inclusive, muitos dos meus amigos estavam lá comigo durante aqueles dias no meio da lama. Enquanto isso, minha família estava em casa, e eu sabia que também precisava e, mais do que isso, que eu *poderia* voltar para eles em algum momento, diferentemente de muitos que perderam alguém nessa tragédia e de tantos outros casos com vítimas com os quais infelizmente deparamos em nossa rotina.

Depois de catorze dias ininterruptos de buscas, eu voltei para casa. Era necessário fazer um revezamento das equipes, por mais que muitos, assim como eu, queiram permanecer em campo até o final de cada missão. Em muitos casos, essa parada se dá até mesmo por uma exigência médica, a fim de não colocar a saúde dos profissionais em risco, ainda mais em ambientes tóxicos. Eu e boa parte da minha equipe voltamos outras vezes até o final da operação em Mariana.

Era muito bom poder voltar para casa. Outras pessoas não tinham mais a mesma sorte. Voltar para casa é algo que devemos valorizar sempre. Muitas vezes, pensamos que a morte é a pior coisa do mundo, mas eu lhes digo com propriedade que há outros finais muito ruins para um bombeiro. Um deles é voltar para casa quando um de seus companheiros não voltou, e outro é não cumprir sua missão.

Quando cheguei em casa, tive uma sensação difícil de explicar. Por um lado, eu me sentia muito feliz por estar ali, debaixo de um teto firme, escorado por paredes seguras, sem qualquer sinal de lama. Por outro, minha cabeça trazia as imagens da destruição e seguia ligada às buscas em Mariana. Entrei e abracei minha esposa por alguns minutos, horas, dias... Lembrando mais uma vez da ameaça dela, de que se eu morresse em uma ocorrência, ela me mataria. Olhei ao redor; tudo estava em seu devido lugar. Então, meu olhar pousou sobre um porta-retrato. Na foto, estou sorrindo, ao lado dela e de nossos filhos. Naquele momento, pude ter a certeza do que realmente fazia eu me sentir seguro, fortalecido e pronto para qualquer nova missão.

CAPÍTULO 13

SOBRE VIVER

O bombeiro é aquele personagem que surge nas histórias trágicas para tentar tornar os finais mais felizes. Mas, infelizmente, isso nem sempre é possível, afinal, estamos falando de histórias reais.

Bombeiro é uma profissão para aquelas pessoas de bem, que têm entre suas características coragem, disciplina, determinação, muita disposição, sorte e/ou fé e até um pouco de insanidade, que deve ser controlada pelo senso de responsabilidade e por alguma força superior que, de alguma forma, está sempre presente durante suas ações.

Bombeiros são homens e mulheres que colocam suas próprias vidas em risco para livrar outras vidas do perigo. Deixam o carinho de suas famílias e a segurança de suas casas para salvar famílias que não conhecem e casas onde nunca estiveram.

Normalmente, são chamados para resolver um problema grave, que alguém não conseguiu solucionar de nenhuma outra forma, principalmente quando uma situação está chegando ao limite de transformar uma ou mais vidas. É claro que, apesar de todas as técnicas e da racionalidade necessárias, todos que participam dessas histórias acabam se transformando de alguma forma. Sim, até o bombeiro. A história que vivi em Mariana e tantas outras que vi e ouvi, ajudaram a transformar aquele recruta num capitão, mas também contribuíram para o pai, o marido, o filho, o irmão, o amigo e o profissional, feito de carne e osso, defeitos e qualidades, sonhos e cicatrizes. Por isso, decidi escrever essa história, bem como outras que estão por vir, e participar de encontros com grupos de jovens, empresários, estudantes, vendedores, qualquer time ou equipe que esteja em busca de uma melhor performance, e diversas pessoas que também podem aprender algo com nossas técnicas, mas principalmente serem tocadas por esses sentimentos e se inspirarem de alguma forma pelo trabalho de um bombeiro.

A tragédia ocorrida no dia 5 de novembro de 2015, em Mariana, foi considerada o desastre de maior impacto ambiental no Brasil e o maior do mundo envolvendo barragem de rejeitos. Estima-se que mais de 40 milhões de metros cúbicos de lama atingiram mais de 230 municípios de Minas Gerais e do Espírito Santo até chegar ao oceano, afetando milhares de famílias, a fauna e a flora. Alguns especialistas dizem que os efeitos devem durar mais de um século. Outros acham difícil fazer qualquer previsão.

O mar de lama cobriu casas, escolas, empresas, plantações, árvores, rios, cidades e, principalmente, vidas. Apesar de todos os esforços de nós, bombeiros, dos moradores, da Paula, dos professores, do seu Zezinho e dos demais envolvidos nas operações de resgate, a tragédia deixou 19 mortos. Em Bento Rodrigues, estava apenas uma dessas vítimas, o menino Thiago. Daquela lista de 54 desaparecidos, apenas ele não foi encontrado com vida. Os demais foram identificados pelo nome ou localizados na trilha da mata.

No 53º dia da operação, as buscas precisaram ser suspensas. O tenente Júlio César foi o último a sair de lá, tendo ficado responsável por encerrar a operação. Eu não gostaria de estar na pele dele. Um bombeiro por excelência, que foi um dos primeiros a chegar no local e o último a sair. Mas ele não podia fazer mais nada, considerando que a probabilidade de o único desaparecido estar muito próximo à outra barragem era alta, e que as escavações naquele local poderiam trazer riscos para a operação, para as cidades e para os outros moradores.

Infelizmente, não localizamos a 19ª vítima. Eu lamento muito por não ter conseguido dar esse amparo a essa família e até hoje carrego esse nome dentro de mim.

A cidade de Paracatu de Baixo foi atingida e tomada pela lama pouco tempo depois de deixarmos as pessoas na parte mais alta da cidade, o cemitério, e levantarmos voo em direção a Bento Rodrigues. Quase trezentas pessoas foram salvas e ninguém ficou ferido com gravidade, graças à ação rápida e, de certa maneira, suicida dos bombeiros e dos outros militares. Não houve nenhuma vítima fatal.

A barragem de Germano não rompeu e permanece sob monitoramento constante.

Depois dessa tragédia, que já havia sucedido outra parecida – o rompimento da barragem em Itabirito, em 2014 –, acreditava-se que não haveria mais desastres desse nível. Eu não imaginava que ainda participaria de resgates em outro rompimento de barragem. Mesmo assim, continuamos treinando duro, estudando técnicas e nos preparando para o inesperado.

Até que, em 25 de janeiro de 2019, outra barragem de rejeitos de minério se rompeu em Minas Gerais. Dessa vez, na mina do Córrego do Feijão, em Brumadinho.

Nosso batalhão, incluindo os alunos que haviam acabado de se formar no nosso Curso de Soterramento, Enchentes e Inundações, (CSSEI), em dezembro de 2018, foi novamente chamado para uma ocorrência de rompimento de barragem. Assim se repetia o cenário de destruição, o desespero de centenas de famílias e os esforços imediatos e incansáveis de centenas de bombeiros e de muitos outros voluntários. Mesmo assim, devido às características desse desastre, o número de vítimas fatais foi bem maior. Dessa vez, 270 pessoas morreram ou foram consideradas desaparecidas. Aproximadamente quatrocentas pessoas foram localizadas e resgatadas a tempo. Agimos prontamente e também estivemos lá desde o primeiro momento. Eu já era capitão, estava de férias, com o pé quebrado e indo com minha família para o clube, quando fui acionado. Tive tempo apenas de fazer a barba com minha máquina de raspar o cabelo antes de entrar no helicóptero, que pousou ao lado da minha casa. Mas, diferentemente do que ocorreu em Mariana, não seria possível salvar tantas vidas, pois, apesar de a lama ter percorrido uma área menor, muitas dessas pessoas estavam bastante próximas ao local do rompimento, principalmente os funcionários da mineradora, que ali trabalhavam. Tanto pela quantidade de desaparecidos, quanto pela geografia da região e por outros fatores, as buscas se estenderiam por muitos meses, sendo essa mais uma história que deixaria marcas na região e nas vidas de centenas de pessoas, inclusive na minha.

Após cerca de sessenta dias, enquanto a operação em Brumadinho seguia sem interrupções e eram feitos esforços para localizar as vítimas, outra tragédia abalou o mundo. Um ciclone devastou parte de Moçambique, na África. Como muitos dos bombeiros da equipe que eu comando já não podiam mais entrar na lama tóxica devido a uma restrição médica, colocamo-nos à disposição do governo brasileiro para ajudar nessa missão. Eles requeriam profissionais que tivessem realizado uma importante especialização em gestão de desastres no Japão e que falassem português, inglês e espanhol, para fazer a conexão com as equipes estrangeiras. Depois de realizar meu sonho de viajar no avião Hércules, da FAB (Força Aérea Brasileira), eu e outros 19 bombeiros de Minas Gerais, além de 20 militares da Força Nacional, estivemos lá inicialmente para ajudar na recuperação do local e para prestar ajuda humanitária, abrindo caminhos para acessar comunidades que ficaram isoladas, transportando alimentos, distribuindo água para as famílias etc. Então, fomos surpreendidos por um segundo ciclone, ainda pior que o primeiro, e ainda bem que nós já estávamos lá. Lembro outra vez que o bombeiro não torce pelo desastre, mas sim pela possibilidade de poder atuar nas suas consequências. No total, ficamos quarenta dias em Moçambique, com recursos escassos e um sentimento muito pesado, convivendo bem próximos a outras pessoas que, apesar de falarem a mesma língua que nós, têm uma cultura diferente e uma forma de agir em sociedade que, por vezes, até nos indignava, mas que precisávamos e precisamos respeitar. E, além do carinho e da carência das crianças, essa experiência também provocou muitas reflexões e marcou minha vida.

Mas essas serão as próximas histórias a serem contadas.

Tanto em Brumadinho quanto em Moçambique, ou num "dia normal" de plantão, eu e os meus companheiros ficamos longe de nossas casas e de nossas famílias para podermos fazer aquilo que escolhemos: ajudar o próximo. Essa é a missão que costumo dizer que todo mundo, independentemente de sua profissão, deveria praticar. É isso que faz a real diferença na vida de alguém.

Além da lama, de paisagens destruídas, que muitas vezes se assemelham a cenários de guerra, e de histórias tristes de perdas e dor, acredito ser possível encontrar nos bombeiros um grande exemplo da importância do trabalho em grupo e uma lição de união, solidariedade e esperança no ser humano.

Muitos podem continuar achando que o bombeiro é um super-herói. Mas, quando se olha mais de perto, é possível ver que somos homens e mulheres comuns, que se dedicam incansavelmente para se tornar uma inspiração para viver.

Este livro foi composto com tipografia Adobe Garamond
e impresso em papel Off-White 90 g/m² na Formato Artes Gráficas.